İSMAİL EFE

EŞREFOĞLU

EŞREFOĞLU CAMİİ VE KÜLLİYESİ
BEYŞEHİR

EŞREFOĞLU CAMİİ VE KÜLLİYESİ
BEYŞEHİR

Yazar:
İsmail EFE / Eşrefoğlu Camii İmam Hatibi

Editör:
Harun YILDIZ

Tasarım / Dizgi:
Bilge Tasarım Atölyesi
Fevzi Çakmak Mh. Yeni Matbaacılar Sit.
10455. Sk. No: 39 Karatay / KONYA
0 332 342 42 47
0 505 243 63 33

Fotoğraflar:
Orhan Şeref AKKANAT
0 554 796 79 56

Ayrıca Fotoğraf Sanatçısı Reha BİLİR, Seyit KONYALI ve Halil USLU'ya fotoğraflarıyla kitabımıza değer kattıkları için teşekkür ederiz.

Baskı:
Servet Ofset
Matbaacılar Sit. Yayın Cd. 9. Blok No: 50
Karatay / KONYA
Tlf: 0 332 342 02 32
Fax: 0 332 342 02 33
ARALIK 2012

ISBN: 978 605 4737 00 0

DOKUZ YAYINLARI
Mimar Muzaffer Cd. Rampalı Çarşı No: 49
Meram / KONYA Tlf: 0 332 351 81 29

İÇİNDEKİLER

TAKDİM

Beyşehir, bir beylikler dönemi şehridir. Şehrin kurulup gelişmesi Eşrefoğulları Beyliği döneminde olmuş ve şehre en büyük katkıyı bu beylik yapmıştır. Bugün günümüze ulaşmış mimari eserlerin büyük bir kısmı Eşrefoğulları'nın mirasıdır. Osmanlı döneminde de bu mirasa bazı katkılar yapılmış olsa da bunlar beylik dönemi kadar önemli değildir.

Eşrefoğulları Beyliği'nin merkezi olan Beyşehir'de yedi yüz yıllık geçmişi ile abidevi bir eser olan Eşrefoğlu Camii, dış görünümünün aksine iç kısmında ortaçağ İslam dünyasının en güzel ahşap ve çini eserlerini barındırmaktadır. Eşrefoğlu Camii altı metre yüksekliğindeki çini kaplı mihrabıyla ve abidevi taç kapısıyla Anadolu'daki ahşap direkli camilerin en büyüğü ve en görkemlisidir. Etrafında medrese ve bedestenle beylikler döneminin en önemli külliyelerinden biri olarak nitelendirebileceğimiz bu görkemli yapılar topluluğu 13. yüzyılın sonunda Anadolu'daki Türk İslam medeniyetinin ulaşmış olduğu parlak seviyeyi göstermesi bakımından da dikkate değerdir.

Cami, medrese ve bedesten Beyşehir'in ibadet, eğitim ve ticaret faaliyetlerini sürdürdüğü üç önemli mekân olarak şehrin yüzyıllar boyunca ilim, ibadet ve iktisat bakımından ihtiyaçlarını karşıladı ve şehrin gelişmesine katkı sağladı.

Eşrefoğlu Camii yedi asırlık geçmişi ile Beyşehir'in sembolü olmuş ve Beyşehir tarihinde ve sosyal hayatında önemli bir mekân olarak sürekli ön planda olmuştur. Eşrefoğulları Beyliği'nin dönemindeki iktisadi gücünü ve mimari alandaki gelişmişliğini de gösteren Eşrefoğlu Camii, şehrin surlarla çevrili olduğu bir dönemde sur içinde yaşayan Beyşehir halkının ihtiyaçlarına cevap verecek bir büyüklükte idi. Ayrıca Cuma günleri etraftaki köylerden Cuma namazı için şehre gelen köylüleri de barındırabilecek bir kapasitede olan cami, Beyşehir için beylik döneminden günümüze ulaşmış en önemli mimari mirasımızı oluşturmaktadır.

Değerli arkadaşım İsmail EFE büyük bir gayretle Eşrefoğlu Beyliği'nin bu görkemli eserini hem mimari hem de tarihi bakımından değerlendiren bir eser kaleme alarak görevli bulunduğu bu tarihi camiye karşı vazifesini yapmakla kalmamış aynı zamanda Beyşehirliler olarak kendisine müteşekkir olacağımız bir hassasiyetle Eşrefoğlu Camii'ne sahip çıkmıştır. Yazmış olduğu eser Eşrefoğlu Camii'nin günümüze kadar gelen seyrini görmemize yarayacak bir bütünlüktedir. Eşrefoğlu Camii için gayretleri hepimizi heyecanlandıran değerli arkadaşımın himmeti daim olsun. Yeni eserler ortaya koyması dileğiyle kendisine başarılar temenni ederim.

Doç. Dr. Bilgin AYDIN
Marmara Üniversitesi Fen Edebiyat Fakültesi
Bilgi ve Belge Yönetimi Bölümü Öğretim Üyesi

Beyşehir…

Hulyâlar ve ruyâlar şehri. Hayır, daha fazlası… Hulyâların ve ruyâların hakikate dönüştüğü şehir. Kadîm medeniyetlerin harman olduğu yer. Allah'ın, lûtuf ve keremini cömertçe ihsân ettiği, Müslüman Türklerin ilelebed vatanı…

Salıverdiği suyuyla ovaya bereket ulaştırırken, muhteşem gurub manzarasıyla, batıyor gibi görünen güneşin aslında bir başka dünyaya doğduğunu hissettiren Beyşehir gölü, her zaman ak saçlı zirveleriyle Anamas Dağları, havuzunda balıkların oynaştığı Eflâtun Pınarı ve daha niceleri...

Bütün bu güzelliklerin arasında "Eşrefoğlu Câmii"nin çok farklı ve özel bir yeri vardır. İmân, estetik, sadelik ve huzûrun bir arada bulunduğu bu mâbed, "en"lerin ve "ilk"lerin sahibi olarak diğer benzer yapıdaki câmilere emsal teşkil etmiş, onları âdetâ kanatları altına almıştır. Hakkında kitabın ilerleyen sayfalarında etraflıca bilgi verileceği için teferruâttan bahsetmeyeceğim. Ancak dört vaaz kürsüsü, muhteşem minberi ve minber kapısının yarım açılması, mihrab tezyinatı, kalemişi süslemeler, çilehânesi insanda mutlaka bir merak uyandırmalı ve kitap bu dikkatle okunmalıdır.

Hz. Mevlâna'nın: "Kim daha ziyâde uyanıksa, o daha ziyâde dertlidir. Kim işi daha iyi anlamışsa, onun benzi daha sarıdır." hikmetli sözünün muhatapları bu câminin müdâvimleridirler. Onlar, yine Hz. Pîr'in deyişiyle, "insan vücûdu gemisinin yelkeninin imân olduğu" şuuruna erenlerdir. O yelken ki, minarelerinden yükselen "Ezân-ı Muhammedî"nin davetiyle bu câmide aşk ruzgârıyla dolar ve sahibini sâhil-i selâmete çıkarır.

Seyfeddin Süleyman Bey'in, bu akıllı ve gönüllü insanın yaptırdığı câmi, ibâdet ve ziyâret kasdıyla gelen herkesin takdîr ve hayranlığını kazanmaktadır. Asıl kazanansa Seyfeddin Süleyman Bey'dir. Zîrâ, "dost görmeye eli boş gidilmeyeceği"ni bilenler "hayrının içinde gufrâna bürünen" Süleyman Bey ve ailesine yüzyıllardır Fâtiha ihsân etmektedirler.

Uzun yıllardır, büyük mesûliyet gerektiren işini sadece vazife değil, bir fazîlet hissiyle ifâ eden Eşrefoğlu Câmii imam-hatîbi Sayın İsmail Efe'ye bu manidâr gayretinden dolayı teşekkür ediyorum. Değerli akademisyen Sayın Dr. Yaşar Erdemir Bey'in bir sanat tarihçisi gözüyle değerlendirdiği çok önemli Eşrefoğlu Câmii kitabından sonra, bu câmide hizmet eden bir gönül erinin yaptığı ikinci çalışma bize muhakkak farklı ufuklar açacaktır.

Bu eserler, şu anda Dünya Mirası Aday Listesi'nde yer alan ve Alan Yönetimi çalışmaları devam eden Eşrefoğlu Câmii'nin "Dünya Mirası Asıl Listesi"ne alınması sürecine de hiç şüphesiz önemli katkılar sağlayacaktır.

"Yaşat ki yaşayasın" hitabının sırrına ermek istercesine memleketlerine hizmeti ibadet telakkî ederek yatırımlar yapan, kitabın basımını gerçekleştiren değerli iş ve gönül insanları Sayın Ali Akkanat ile Sayın Kamil Akkanat'a, yüreğindeki Beyşehir sevdâsı ve sanatkâr rûhuyla memleketini dünyaya tanıtan değerli fotoğraf sanatçısı Sayın Reha Bilir'e ve emeği geçen herkese şükranlarımı sunuyorum.

Hayırlar fethola…

Dr. Mustafa ÇIPAN
Konya Kültür ve Turizm Müdürü

ÖN SÖZ

Beyşehir; tarih, kültür ve doğa harikalarının bir arada bulunduğu eşsiz güzelliklere sahip ilçelerimizdendir. Ülkemizin üçüncü büyük gölü olan Beyşehir Gölü'nün her saat renk değiştiren sularının yanında, birinci derece gruplardan sayılan günbatımını izlemek seyir zevki açısından oldukça önemlidir. Tepelerinden yaz aylarında dahi kar eksik olmayan Torosların kolları olan Anamas Dağları ile 9000 yıllık tarihi geçmişi içinde Hitit, Roma ve Bizanslılardan başka daha birçok uygarlığı üzerinde barındırmış olan Beyşehir, bu uygarlıklardan günümüze kadar ulaşabilmiş antik eserleriyle, Selçuklu Sultanı Alâeddin Keykubad tarafından yaptırılmış olan Kubadâbad Sarayı ve Eşrefoğulları tarafından kalan cami, türbe, bedesten, hamam, medrese, sebil ve kütüphaneden oluşan külliyesi ile de tanınır.

Son yıllara kadar sadece camisi faaliyette iken 2009 yılı itibari ile kütüphanesi hariç külliyenin tamamı ayağa kaldırılmıştır. Külliye ile ilgili daha önce yayımlanmış eserlerin piyasada bulunmayışı, dolayısıyla son restorasyonların ardından eserin bugünkü hali ile yazılması gerektiğini düşünerek bu eserimizi kaleme aldık. Eşrefoğlu Camii'nde uzun yıllar görev yapan bir kişi olarak her bölümünü en ince teferruatına kadar yazmaya gayret ettik. Görselliğe önem verip fotoğraflarla detayları ortaya koymaya çalıştık. Kitabımızı, külliyeyi ziyarete gelenlerin herhangi bir rehbere ihtiyaç duymadan rahatlıkla gezebilecekleri şekilde tasarladık.

Dört yıllık çalışmamız süresince bazı kaynakların temini konusunda bize yardımcı olan değerli arkadaşım Marmara Üniversitesi Fen-Edebiyat Fakültesi Bilgi ve Belge Yönetimi Bölümü Öğretim Üyesi Sn. Doç. Dr. Bilgin AYDIN'a sonsuz teşekkürlerimi sunuyorum. Beyşehir'e her gelişinde değerli vakitlerini ayırarak bizim isteğimiz üzerine her bölümün farklı açılardan fotoğraflarını çekerek kitabımızda kullanmak üzere bize veren Beyşehir sevdalısı, kıymetli hemşehrimiz Sn. Reha BİLİR'e ve yine bazı fotoğraflarıyla katkı sağlayan hemşehrimiz Sn. Halil USLU kardeşime, Orhan Şeref AKKANAT'a ve Seyit KONYALI'ya fotoğraflarıyla sağladıkları katkıdan dolayı şükranlarımı arz ediyorum. Bilgisayar yazımında aylarca gece gündüz demeden kıymetli vakitlerini bize ayıran değerli dostum Sn. Mesut BULAT'a ve bu konuda emeği geçen herkese sonsuz teşekkürler ediyorum.

Her alanda Beyşehir ve yöresi için hiçbir fedakârlıktan kaçınmayan hayırsever iş adamı Sn. Ali AKKANAT ve Sn. Kamil AKKANAT kitabımızın birinci baskısının basımını üstlenmişlerdir. Kendilerine şükranlarımı sunarken iş hayatlarında başarılarının devamını diliyorum.

10.10.2012

İsmail EFE

Eşrefoğlu Camii İmam-Hatibi

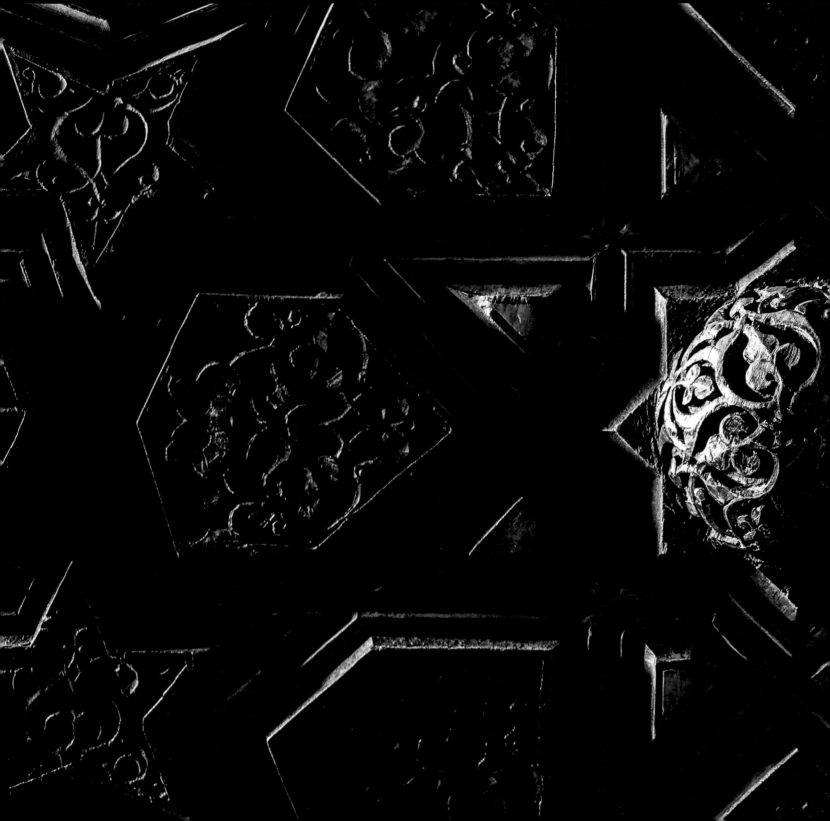

BİRİNCİ BÖLÜM

Beyşehir'den Genel Görünüm (2010)

Fotoğraf: Halil USLU

Çarşamba Kanalı, Göl ve Beyşehir'den Genel Görünüm (1962)

Fotoğraf: DSİ Arşivinden

Çarşamba Kanalı, Göl ve Beyşehir'den Genel Görünüm

1. BEYŞEHİR

Birçok uygarlığın izlerini bünyesinde barındıran Beyşehir, Selçuklular devrinde Sultan Alâeddin Keykubat ile, Beylikler döneminde ise Eşrefoğulları ile büyük bir üne kavuşmuştur.

Konya'ya 85 km uzaklıkta Konya-Antalya ve Konya-Isparta kara yolu üzerinde kurulu Beyşehir; doğudan Konya, batıdan Yenişarbademli, kuzeyden Doğanhisar, Hüyük ve Ilgın, kuzeydoğudan Derbent, kuzeybatıdan Şarkikaraağaç ve Eğirdir, güneyden Derebucak ve güneydoğudan ise Seydişehir ile çevrilidir. 2652 km² yüzölçümüne sahip Göller Bölgesi ve Orta Torosların ardında yer alan şirin ilçelerimizden biridir. Doğal güzellikleri ve zenginliklerinin yanı sıra tarihi eserleri bakımından da ilgi çekici olan Beyşehir; gölleri, adaları, kaplıcaları, camileri, medreseleri, mağaraları, dağları ve ormanları ile kendini ziyarete gelenleri âdeta büyüleyen bir özellik arz etmektedir. İlçede; krom, mermer, tuğla, kiremit, andezit taşı, linyit, barit ve seramik gibi hammaddeler bulunmakta ve bunların birçoğu çıkartılmaktadır[1].

Arkeolojik araştırmalar, Beyşehir ve yöresindeki ilk yerleşmelerin M.Ö. 6000-7000 yıllarına, yani Neolitik devre kadar indiğini göstermektedir[2]. İlçenin 10 km kuzeybatısında, deniz seviyesinden 1130 m yükseklikteki "Erbaba" höyüğünden çıkan buluntular bunu açıkça ortaya koymaktadır[3].

M.Ö. 2000 yıllarında Anadolu'da güçlü bir devlet kuran Hititler, Beyşehir yöresine de yerleşmişler ve hâlâ ayakta duran eserler bırakmışlardır. Bu eserler; Beyşehir'e 22 km mesafede Sadıkhacı Kasabası yakınlarındaki Eflatun Pınar Hitit Anıtı, yine Hititlerden kalma Fasıllar Köyünde Kurt Beşiği Anıtı, Lukyanos Kitabesi-Atlıkaya Kabartmasıdır. Bölge daha sonraları Sümer, Asur, Frig, Lidya, Pers, Makedon, Roma ve Bizans hâkimiyetine girmiştir[4].

Beyşehir'e 33 km mesafedeki Yunuslar Köyü'nde ele geçirilen ve M.S. 250-260 yıllarına ait bir Roma eseri olan Heraklis Lahiti, 1953 yılından beri Konya Arkeoloji Müzesi'nde sergilenmektedir.

1071 Malazgirt Savaşı'ndan kısa bir süre sonra Beyşehir, Anadolu Selçuklularının hâkimiyetine girmiştir. Şehrin asıl hüviyetine de bundan sonra kavuştuğu konusunda neredeyse bütün araştırmacılar hemfikirdirler[5]. Beyşehir Gölü'nün batı yakasındaki Kûbad-âbad Sarayı bu görüşte olan tarihçileri doğrular niteliktedir.

Güçlü bir Selçuklu hükümdarı olan Alaeddin Keykubat'ın ölümünden sonra yerine geçen oğlu Gıyaseddin Keyhusrev'in genç ve tecrübesiz oluşunu fırsat bilen Moğollar, 1243 Kösedağ Savaşında Selçukluları büyük bir yenilgiye uğratmış, Anadolu'yu yağmalamışlardır. Beyşehir'de bu istiladan nasibini almıştır.

Beyşehir'in eski çağlardaki adı Karalia, gölün adı ise Karalis (Caralis Lacus)'tir[6]. Selçukluların Kösedağ Savaşında Moğollara yenilmeleri üzerine Eşrefoğlu Beyliği'nin kurucusu Seyfeddin Süleyman Bey'in şehri yeniden inşa etmesine kadar terk edilmiş ve harap manasında "viran şehir" diye anılan ilçe, daha sonra kurucusunun adını alarak Süleymaniye, Süleymanşehir, Beyşehri, Beyşehir adını almıştır[7]. Hatta bununla ilgili şöyle bir efsane de anlatılmaktadır: Seydişehir'e şimdi kendi adıyla anılan camiyi yaptırırken Seydi Harun Veli'ye Eşrefoğlu Mehmet Bey malzeme yardımında bulunmuştur. Aralarında sıkı bir dostluk oluşur. Bunun üzerine Eşrefoğlu Mehmet Bey, Trogitis olan şehrin adını "Seydişehir" olarak değiştirirken, Seydi Harun Veli ise Süleymanşehir adını "bey(ler)in şehri" manasında "Beyşehir" olarak değiştirmiştir[8].

Bir Moğol düşmanı olan Süleyman Bey onlardan gelebilecek tehlikelere karşı, 1290 yılında, bugün sadece kuzey kapısı ayakta kalan bir kale yaptırmış[9] daha sonra kale içine meşhur Eşrefoğlu Külliyesini inşa ettirmiştir.

1   B. Behramoğlu, "Orta Torosların Ardında ve Göller Bölgesinde Bir Vaha: Beyşehir" , **TÜRSAB Dergisi**, 2007 Nisan, Sayı: 277, s.27

2   E. Yücel, "Beyşehir, Bir Selçuklu ve Osmanlı Merkezi", **Türkiye Turing ve Otomobil Kurumu Belleteni**, Sayı: 31/310 (Temmuz-Eylül 1971); "Beyşehir", **Büyük Larousse Ansiklopedisi**, Cilt: 3, İstanbul, 1986, s.1599 -1600.

3   B. Behramoğlu, **A.g.m.**, 2007 Nisan, Sayı: 277, s.30; Bkz. "Beyşehir", **Ana Britannica**, C. 5, s.269.

4   E. Yücel, **A.g.m.**, Sayı: 31/310 (Temmuz-Eylül 1971); "Beyşehir İlçesi Tarihi", **Konya İl Yıllığı**, 1967, s.174.

5   B. Alperen, **Beyşehir ve Tarihi**, Konya 2001, s.3; İ. H. Konyalı, **Abideleri ve Kitabeleriyle Beyşehir Tarihi**, Erzurum, 1991, s.26; Y. Erdemir, **Beyşehir Eşrefoğlu Süleyman Bey Camii ve Külliyesi**, Beyşehir, 1999, s.1, B. Darkot, "Beyşehir", **İslam Ansiklopedisi**, Cilt: 2, İstanbul, 1979, s.72-73.

6   **Konya İl Yıllığı**, 1973; B. Eyüboğlu, **Dünden Bugüne Beyşehir**, s.15; **Ana Britannica**, C.5, s.269.

7   İ. H. Konyalı, **A.g.e.**, s.21; Y. Erdemir, **A.g.e.**, s.3, B. Alperen, **A.g.e.**, s.3; S. Gönen, "Efsanelere Göre İnsan Adlarından Kaynaklanan Yerleşim Yeri Adları ve Beyşehir Adı" **Selçuk Üniversitesi Beyşehir Meslek Yüksek Okulu I. Uluslararası Beyşehir ve Yöresi Sempozyumu Bildiriler Kitabı**, 11-13 Mayıs 2006, s.706-707.

8   B. Alperen, **A.g.m.**, s.3.

9   İ.H. Konyalı, **A.g.e.**, s.27; Y. Erdemir, **A.g.e.**, s.1.

Yarım asra yakın parlak denilebilecek bir hüküm süren Eşrefoğlu Beyliği'ne 1326 yılında İlhanlıların Anadolu Genel Valisi Timurtaş tarafından son verilmiştir[10]. Timurtaş iki yıl sonra (1328) Mısır'a kaçmıştır. Bunu fırsat bilen Tatar Beylerinden Halil Ağazade İsmail, bölgeyi hâkimiyeti altına almıştır[11]. Daha sonra sırasıyla Hamitoğulları, Germiyanoğulları, Karamanoğulları idaresine giren şehir, 1374 yılında I. Sultan Murat Han tarafından Osmanlı topraklarına dâhil edilmiştir[12]. Bir ara bölgeye tekrar Karamanoğulları hâkim olsa da nihayet 1467 yılında Fatih Sultan Mehmet Han, Beyşehir ve yöresini kesin olarak Osmanlı topraklarına katmış ve Beyşehir'i sancak merkezi yapmıştır[13].

2. EŞREFOĞULLARI

Selçukluların 1176 yılında Bizanslılarla yapmış oldukları Miryakefalon Savaşından büyük bir zaferle çıkmalarının ardından Anadolu bir Türk yurdu hâline gelmiş, Beyşehir yöresine de Türkmenler hâkim olmuştur.

Eşrefoğulları'nın nereden, ne zaman geldiklerine dair tarihi kaynaklarda fazla bir bilgi olmamakla birlikte tarihçilerin büyük çoğunluğu, yukarıda belirtildiği üzere Anadolu'nun Türk yurdu oluşunun kesinleşmesinden sonra bölgeye gelen Türkmenlerden oldukları konusunda ittifak etmektedirler[14].

Beyliğin Eşref Bey tarafından mı yoksa oğlu Seyfeddin Süleyman Bey tarafından mı kurulduğu ile ilgili bilgiler de karışıklık göstermektedir. Bazı kaynaklara göre, Eşref Bey Selçuklu Devleti içinde çok seviliyor ve Beyşehir'de uç beyi olarak görev yapıyordu. Dolayısıyla Beyliğin temelleri Eşref Bey tarafından atılmış, ancak ömrünün kifayet etmemesi üzerine Beylik, oğlu Süleyman Bey tarafından kurulmuştur[15].

Beyliğin kuruluş merkezi, Beyşehir-Seydişehir arasındaki Gökçimen Kasabası'nın bulunduğu ve eski adı "Gorgorom, Gargorum, Gurgurum, Gorgorum" olan yerdir[16].

Kaynaklarda Beyliğin kuruluşuyla ilgili 1277, 1284, 1286 gibi farklı tarihler zikredilse de ağırlıklı görüş 1277'de kurulmuş olabileceği doğrultusundadır. Nitekim Karamanoğulları'nın 1277 Mayısında "Cimri Vakası" olarak bilinen baskınla Cimri'yi Selçuklu tahtına çıkarma hadisesine Eşrefoğulları'nın da katılmaları, Beyliğin 1277'de veya daha öncesinde kurulduğuna işaret etmektedir[17].

Süleyman Bey, önceleri beyliğin merkezi Gorgorum iken, muhtemelen 1290'da Beyşehir'e taşımıştır. Bu merkez özelliği beylik yıkılıncaya kadar da sürmüştür[18].

Süleyman Bey'in lakabı Seyfeddin'dir. Seyfeddin kelimesi ise "dinin kılıcı" anlamındadır ve savaşçı büyük komutanlara verilen bir unvandır[19]. Seyfeddin Süleyman Bey, Selçuklu Sultanı III. Gıyaseddin Keyhusrev döneminde (1264-1283) Selçuklu uç beyi olarak görev yapmıştır. 1283 yılında Gıyaseddin Keyhusrev Moğollar tarafından öldürülünce yerine amcasının oğlu II. Gıyaseddin Mesut geçti. II. Gıyaseddin Mesut başa geçer geçmez, başkent Konya'yı Kayseri'ye taşımıştır. Bunun nedeni ise kısa bir süre önce ölen amcaoğlu Sultan III. Gıyaseddin Keyhusrev taraftarı olan Eşrefoğlu ve Karamanoğulları'ndan çekiniyor olmasıdır[20]. III. Gıyaseddin Keyhusrev'in annesi, Keyhusrev'in çocukları olan iki torununu sultan ilan ettirmiş, saltanat naipliğine Eşrefoğlu Süleyman Bey'i, Beylerbeyliğine ise Karamanoğlu Güneri Bey'i getirtmişti[21]. 1284'te gerçekleşen bu olayı içine sindiremeyen Gıyaseddin Mesut, vezir Sahip Ata'nın büyük uğraşları neticesinde bu iki çocuğu tahttan indirmiş, tek başına hükümdar olmuştur (1285)[22]. Eşrefoğlu

10   B. Eyüboğlu, **A.g.e.**, s.30: B. Alperen, **A.g.e.**, s.38.
11   İ.H. Konyalı, **A.g.e.**, s.50 ; B.Alperen, **A.g.e.**, s.39; Y. Erdemir, **A.g.e.**, s.2.
12   B. Alperen, **A.g.e.**, s.39; Y. Erdemir, **A.g.e.**, s.2.
13   **Konya İl Yıllığı**, (1967), s.174; B. Eyüboğlu, **A.g.e.**, s.8.
14   B. Alperen, **A.g.e.**, s.26; Y. Erdemir, **A.g.e.**, s.3.
15   B. Eyüboğlu, **A.g.e.**, s.29; B. Alperen, **A.g.e.**, s.29; Y. Erdemir, **A.g.e.**, s.3.
16   A.Sevim-Y.Yücel, " Fetih, Selçuklu ve Beylikler Dönemi", **Türkiye Tarihi**, s.308; İ. H. Konyalı, **A.g.e.**, s.159, 171; M.A. Kaya, S.Ü.B.M.Y.O., **Bildiriler Kitabı**, s.366; B. Eyüboğlu, **A.g.e.**, s.28; **Anadolu Uygarlıkları, Görsel Anadolu Tarih Ansiklopedisi**, C.1, s.665; M.Z. Oral, "Anadolu'da Sanat Değeri Olan, Ahşap Minberler, Kitabeleri ve Tarihçeleri", **Vakıflar Dergisi**, No: 5, 1962, s.58
17   B. Eyüboğlu, **A.g.e.**, s.29; Y. Erdemir, **A.g.e.**, s.3; B. Alperen, **A.g.e.**, s.32.
18   A.Sevim, Y.Yücel, **A.g.e.**, s.308.
19   İ.H. Konyalı, **A.g.e.**, s.28; B. Alperen, **A.g.e.**, s.33.
20   A.Sevim, Y.Yücel, **A.g.e.**, s.308; Y.Erdemir, **A.g.e.**, s.4; **Anadolu Uygarlıkları, Görsel Anadolu Tarihi Ansiklopedisi**, C.1, s.655.
21   **Anadolu Uygarlıkları, Görsel Anadolu Tarih Ansiklopedisi**, C.1, s.655; İ.H. Konyalı, **A.g.e.**, s.30; A.Sevim-Y.Yücel, **Türkiye Tarihi, Beylikler Dönemi**, s.308; Y. Erdemir, **A.g.e.**, s.4.
22   İ.H. Konyalı, **A.g.e.**, s.30; A. Sevim-Y.Yücel, **A.g.e.**, s.308; Y. Erdemir, **A.g.e.**, s.4.

Seyfeddin Süleyman Bey ise, Beyşehir'e geri dönmüş Gıyaseddin Mesut'a muhalefette bulunmuş ve bir süre sonra Konya yakınlarındaki Takkeli dağın üzerindeki "Gevele" kalesini ele geçirerek 40 gün kadar burada kalmıştır. Ancak Konya'nın ileri gelenlerinin ricası neticesinde yeniden Beyşehir'e dönmüş, ardından II. Gıyaseddin Mesut'la barışmış ve ona itaatini bildirmiştir[23].

Bundan sonra Seyfeddin Süleyman Bey, siyasi olaylardan uzak, kültür, sanat ve bayındırlık hizmetlerine yönelmiştir. İlk önce M.1290 yılında Beyşehir'deki kalenin imarı ile işe başlayan Süleyman Bey, daha sonra kale içerisine görenleri hayretler içerisinde bırakan ünlü Eşrefoğlu Camii ve Külliyesini, son olarak da 1301'de caminin doğu cephesine bitişik hâldeki türbeyi yaptırmıştır. H. 2 Muharrem 702 (M. 27 Ağustos 1302) Pazartesi günü vefat eden Süleyman Bey 1 yıl önce yaptırdığı bu türbedeki ebedi istirahatgâhına defnedilmiştir[24].

Yüz binin üzerinde yıllık ziyaretçinin geldiği, ecdat yadigârı Eşrefoğlu Camii ve Külliyesini bizlere miras olarak bırakan Süleyman Bey'i ve ailesini minnetle anıyor, kendilerine Allah'tan rahmet diliyoruz.

Süleyman Bey'in Mehmet ve Eşref adında iki oğlu vardı. Vefat edince beyliğin başına büyük oğlu Mehmet Bey geçti. (M.1302) "Mübarizüddin", "Melikü'l-ümera" (Beylerbeyi) ve "Çelebi"[25] lakaplarıyla anılan Mehmet Bey, karmaşık bir dönemde beyliğin başında olmasına rağmen yumuşak ve dengeli bir siyaset izleyerek beyliği ayakta tutmuş, hatta babası Süleyman Bey tarafından ele geçirilen Seydişehir, Bozkır ve Şarkikaraağaç gibi topraklara; Yalvaç, Gelendost, Sultandağı, İshaklı, Doğanhisar, Lâdik, Ilgın, Akşehir, Çay ve Bolvadin'i katarak beyliğin sınırlarını genişletmiştir[26]. Mehmet Bey, bu yıllarda Beyşehir'de kendi adına gümüş para da bastırmıştır. Bu paraların üzerinde "Sultânü'l-âdil", "Melikü'l-âdil" unvanıyla H. 729 tarihi ve Beyşehir ifadelerine yer verilmiştir[27].

Dönemin meşhur âlimlerinden Şemseddin Mehmet Tüşteri, Mehmet Bey adına El-Füsûlü'l-Eşrefiyye adlı felsefi nitelikli bir eser yazmıştır. Bu eser Ayasofya Kütüphanesi'ndedir[28].

Aynı zamanda bir Mevlevi olan Mübarizüddin Çelebi Mehmet Bey, Mevlâna'nın torunu, Ulu Arif Çelebi'ye intisap etmiştir[29]. Nitekim Ulu Arif Çelebi'yi (M.1272-1302) Beyşehir'e davet etmiş ve dedesinin adını taşıyan oğlu Süleyman Şah'ın geleceğini sormuştur[30]. Bu konu Eflâki'nin Menâkibü'l-Ârifin adlı eserinde şöyle geçmektedir:

Beylerbeyi (Melikü'l-ümera) Eşrefoğlu Mübarizüddin Çelebi Mehmet Bey, Ulu Arif Çelebi hazretlerini Beyşehir'e davet etmişti.

Çelebi'ye karşı, hadden aşırı niyaz ve itikat göstererek türlü hizmetlerde bulundu ve oğlu Süleyman Şah'ı saraydan çağırıp tam bir itikatla Çelebi'nin hizmetine verdi. Ona mürit yaptı. Süleyman Şah'ın beline bulunmaz bir kemer bağlayıp bırakıverdiler. Çelebi Mehmet Bey baş koyup; "Bu çocuğun sonu ne olacak?" diye sordu. Çelebi;

"Sizden sonra bu vilayet, bu çocuğun elinde harap olacak ve bu topluluk onun ayakları altında dağılıp gidecek ve sonunda onu bu göle atıp yok edecekler" buyurdu.

Zavallı baba ağlamaya başladı ve etrafında bulunanlar da ağladılar.

Çelebi "Yazık! Bu budala çocuğun başında hiç talihi yok ve başkanlığa ve başbuğluğa da hiç layık değildir" dedi.

Ve hakikaten o çocuk Çelebi'nin buyurduğu gibi oldu. Timurtaş Beyşehir'i fethetti. Memleketi yağma ettiler ve birkaç gün sonra Süleyman Şah'ı oradaki göle (Beyşehir Gölü'ne) attılar. Memleket tamamıyla harap oldu."[31]

23   İ.H. Konyalı, **A.g.e.**, s.39; Y. Erdemir, **A.g.e.**, s.4; B. Alperen, **A.g.e.**, s.35.
24   B. Alperen, **A.g.e.**, s.36; A. Sevim-Y.Yücel, **A.g.e.**, s.309; Y. Erdemir, **A.g.e.**, s.4; **Anadolu Uygarlıkları, Görsel Anadolu Tarihi Ansiklopedisi**, C.1, s.665.
25   Ahmet Eflâki, **Menâkibü'l-Ârifin** (Çeviren: Tahsin Yazıcı), C. II, Ankara, 1995, s.389; B. Eyüboğlu, **A.g.e.**, s.32; İ.H. Konyalı, **A.g.e.**, s.48, 52.
26   B. Alperen, **A.g.e.**, s.36; Y.Erdemir, **A.g.e.**, s.5.
27   Şerefeddin Erel, **Nadir Birkaç Sikke**, İstanbul, 1963, s.18,19; Y. Erdemir, **A.g.e.**, s.4; İ.H. Konyalı, **A.g.e.**, s.197.
28   B. Eyüboğlu, **A.g.e.**, s.34; **Konya İl Yıllığı**, 1973, s.315; Y. Erdemir, **A.g.e.**, s.5; B. Alperen, **A.g.e.**, s.38.
29   Eflâki, **A.g.e.**, s.389, 411; İ.H. Konyalı, **A.g.e.**, s.48, 58.
30   Eflâki, **A.g.e.**, s.389; İ.H. Konyalı, **A.g.e.**, s.58; SÜ BMYO, ...**Bildiriler Kitabı**, s.362.
31   Eflâki, **A.g.e.**, s.389, 390; İ.H. Konyalı, **A.g.e.**, s.57, 58; B. Eyüboğlu, **A.g.e.**, s.33.

Çelebi Mehmet Bey zamanında, Eşrefoğlu külliyesine 150 m mesafede olan Demirli Mescit, Beyşehir Subaşısı Kürtzâde Şerefeddin Emir Ahmet tarafından H. 714 (M.1314) yılında yaptırılmıştır[32]. Ayrıca kitabesinden anlaşıldığına göre H. 720 (M.1320) yılında Bolvadin'de adına bir cami inşa ettirilmiş ve Mehmet Bey muhtemelen aynı yıl ya da ertesi yıl vefat etmiştir[33].

Mehmet Bey'in vefatından sonra beyliğin başına oğlu Süleyman Şah geçmiştir. II. Süleyman Şah adını aldığı dedesi ve babası Mehmet Bey gibi olamamış, siyasi alanda herhangi bir varlık gösterememiştir.

II. Süleyman Şah saltanatı; İlhanlıların Anadolu Valisi Timurtaş'ın Anadolu beyliklerini yok etmek maksadıyla harekete geçtiği döneme rastlamaktadır. Nitekim Timurtaş, bir süre sonra Beyşehir'i ele geçirmiş, Süleyman Şah'ı yakalayıp işkence etmek suretiyle Beyşehir Gölü'ne attırarak öldürtmüştür. (M. 9 Ekim 1326)[34] Yarım asra yakın bir süre ayakta kalan beylik böylece son bulmuştur.

Ömrü kısa olan beylik hiç de küçümsenemeyecek işler yapmıştır. Başta mimari olmak üzere kültür ve sanatta önemli adımlar atan beylik Beyşehir, Seydişehir ve Bolvadin'de mescit, cami, medrese, han, hamam, bedesten ve zaviye gibi önemli eserler bırakmayı başarmıştır.

Doğudan Karamanoğulları, batı ve güneyden Hamitoğulları, kuzeyden ise Sahipataoğulları ile çevrili[35] olan Eşrefoğlu Beyliği, 65 şehir ve 155 köyün yanı sıra 70.000 atlı süvariden oluşan güçlü denilebilecek bir de orduya sahipti[36].

EŞREFOĞLU BEYLİĞİNİN AİLE SECERESİ

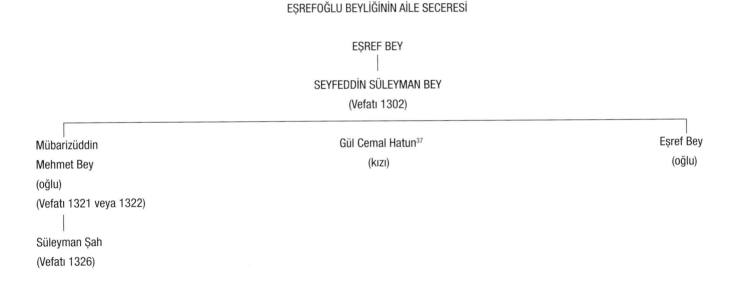

EŞREF BEY

SEYFEDDİN SÜLEYMAN BEY
(Vefatı 1302)

Mübarizüddin
Mehmet Bey
(oğlu)
(Vefatı 1321 veya 1322)

Süleyman Şah
(Vefatı 1326)

Gül Cemal Hatun[37]
(kızı)

Eşref Bey
(oğlu)

32   İ.H. Konyalı, **A.g.e.**, s.78; B. Eyüboğlu, **A.g.e.**, s.53.
33   Y. Erdemir, **A.g.e.**, s.5; B. Eyüboğlu, **A.g.e.**, s.54; B. Alperen, **A.g.e.**, s.36; M. Akif Erdoğru, **Osmanlı Yönetiminde Beyşehir Sancağı,** İzmir, 1998, s.13.
34   **Anadolu Uygarlıkları, Görsel Anadolu Tarihi Ansiklopedisi,** C.I, s.665; İ.H. Konyalı, **A.g.e.**, s.58; Eflâki, **A.g.e.**, s.389,390; B. Eyüboğlu, **A.g.e.**, s.34; İ.H. Uzunçarşılı, **Büyük Osmanlı Tarihi,** C.I, s.48; yine İ.H. Uzunçarşılı, **Anadolu Beylikleri Akkoyunlu ve Karakoyunlular,** Ankara, 1969, s.60.
35   B. Eyüboğlu, **A.g.e.**, s.29.
36   M.A. Erdoğru, **A.g.e.**, s.13; A.Sevim-Y. Yücel, **A.g.e.**, s.309; B. Eyüboğlu, **A.g.e.**, s.29; İ.H. Konyalı, **A.g.e.**, s.56; Y.Erdemir, **A.g.e.**, s.5; H. Demircioğlu-H. İnalcık, **Ankara Üniversitesi Dil-Tarih-Coğrafya Fakültesi,** Sayı:VI/3, (Mayıs-Haziran-1948), s.174.
37   Y. Erdemir, **A.g.e.**, s.6; Y. Akyurt, Beyşehri ve Eşrefoğlu Camii ve Türbesi", **Türk Tarih ve Etnografya Dergisi,** Sayı: IV, İstanbul, 1940, s.99; İ.H. Konyalı, **A.g.e.**, s.53.

İKİNCİ BÖLÜM

1. EŞREFOĞLU CAMİİ VE KÜLLİYESİ

Yarım asır hüküm sürmüş olan Eşrefoğulları, ortaya koydukları külliye ile tarih sahnesinde unutulup gitmekten kendilerini kurtarmışlardır. Selçuklu mimarisinin devamı niteliğindeki külliyede özellikle Eşrefoğlu Camii, büyük bir üne sahiptir. Bu cami, Anadolu'daki düz çatılı, ahşap direkli camilerin en büyüğü ve orijinalidir. Aynı mimari tarzda yapılan söz konusu dönemdeki eserlerin en görkemlisi sayılan Eşrefoğlu Camii, Selçuklu ve Beylikler döneminin sembol eserlerinden biri olmuştur.

2. KÜLLİYE İLE İLGİLİ YAYINLAR

Külliye ile ilgili ilk bilgiler yabancı seyyahlara aittir.

2.1. Yabancı Yayınlar

Charles Texier: Fransız seyyah Texier, 1832 yılında yöreyi gezmiş olup 1862 yılında yayınlanmış olan eserinde fotoğraflarıyla birlikte Eşrefoğlu Camii'nden bahsetmiştir[38].

Friedrich Sarre: Beyşehir ile ilgili ilk geniş kapsamlı araştırma F. Sarre tarafından yapılmıştır. 1896 baskılı Küçükasya Seyahati adlı eserinde, şehrin kale kapısı ve surlarından, Eşrefoğlu Camii'nden, camideki sedir ağaçlarının Anamas dağlarından getirildiğinden, medrese ve han ile buradaki bir çömlekçi atölyesinin varlığından söz etmiştir[39].

R.M. Riefstahl: Eşrefoğlu Camii için, "Selçuklu dönemine ait ahşap camilerin ilk şekillerindendir" diyen Riefstahl ardından şunu ekliyor: "Murabba (yuvarlak) şekilli maksurenin önünde ve yanlarında gayet güzel çinileri vardır."[40]

2.2. Yerli Yayınlar

M. Yavuz Süslü: Yerli yayınlar içerisinde en eski olanı, 1934 yılında basılmış olan M. Yavuz Süslü'nün el kitabı mahiyetindeki eseridir. Bu eserde şehrin tarihi ve coğrafi yapısı ile ilgili bilgileri ile Eşrefoğlu Külliyesinden bahsedilmektedir[41].

Yusuf Akyurt: 1940 yılında kaleme aldığı makalesinde külliye kitabelerinin metin ve tercümelerini yayınlamış ve mimarisinden bahsederek planlarını çizmiştir[42].

Ömer Tekin - Recep Bilginer: Beyşehir'de bir dönem müftülük görevini yapan Ömer Tekin ile Recep Bilginer'in birlikte yazmış oldukları küçük bir eser de 1945 yılında basılmıştır. Bu küçük eserde Eşrefoğlu Beyliği hakkında bilgi verilmekte, külliye ve diğer tarihi yerlerin kitabeleri açıklanmakta ve Beyşehir'in ekonomik ve coğrafi durumundan söz edilmektedir[43].

İ. Hakkı Konyalı: Beyşehir ve çevresiyle ilgili ilk geniş kapsamlı araştırma İ. Hakkı Konyalı tarafından yapılmıştır. 1958 yılında başladığı ve 9 yılda tamamladığı araştırmalar neticesinde ortaya koyduğu eserini, hayattayken bastıramamıştır. Söz konusu eser vefatından (1984) sonra, ancak 1991 yılında yayımlanabilmiştir[44].

Ali Kızıltan: 1958 yılında yayınlanmış bir diğer çalışma ise Ali Kızıltan'a aittir. Sadece Eşrefoğlu Camii'nin tanıtımının yapıldığı bu kaynakta özellikle çizim ve relöve çalışmaları dikkat çekmektedir[45].

38   Charles Texier, **Asya Mineure, Description, Geographigue, Historigue et Archeologie Provinces et des villes de la Chersonnese'd Asie, Paris**, 1862, **Küçük Asya** (Çev. Ali Suat), C.3, İstanbul, 1340, s.202.
39   F. Sarre, **Küçükasya Seyahati**, 1895 yazı, (Çev. Dârâ Çolakoğlu), Pera Yayınları, s.155-157.
40   İ.H. Konyalı, **Abideleri ve Kitabeleriyle Beyşehir Tarihi**, Erzurum, 1991, s.73'te, (*Cenubi Garbi Anadolu'da Türk Mimarisi* adlı eserden tercüme edilmiştir.) İstanbul, 1941, s.24.
41   M. Yavuz Süslü, **Eşrefoğulları Tarihi, Beyşehir Kılavuzu**, Konya, 1934, s.39-58.
42   Y. Akyurt, "Beyşehri Kitabeleri ve Eşrefoğlu Camii ve Türbesi", **Türk Tarih, Arkeologya ve Etnografya Dergisi, 1940,** Sayı:4, s.91-129
43   Ö. Tekin-R. Bilginer, **Beyşehir ve Eşrefoğulları,** Eskişehir, 1945.
44   İ.H. Konyalı, **A.g.e.**, Erzurum, 1991
45   A. Kızıltan, **Anadolu Beyliklerinde Camii ve Mescitler**, İstanbul, 1958, s.36-46

Yılmaz Önge: Yıllarca külliyenin restorasyon çalışmalarına katılmış ve 1968 yılında Eşrefoğlu hamamını tanıtmış, duvarlarındaki tahrip olmuş olan süslemeleri zor da olsa tespit edebilmiştir[46].

Mahmut Akok: Bir arkeolog olan Mahmut Akok'un Eşrefoğlu Camii ve Türbesini konu alan makalesi 1976 yılında yayınlanmış, eserlerin mimari tanıtımı ile relöve, çizim ve planlarına yer verilmiştir[47].

Bilal Eyüboğlu: 1979 yılında yayınlanmış olan eserinde, Beyşehir'in coğrafi, ekonomik ve tarihi yerlerine değinilmiş, Eşrefoğlu Beyliği, cami ve külliyesinden de söz edilmiştir[48].

Yaşar Erdemir: Araştırmacının eseri 1999 yılında yayınlanmıştır. Yerli yayınlar içerisinde külliye ile ilgili en kapsamlı araştırma Y. Erdemir'e aittir[49].

Bilal Alperen: 2001 yılında basılmış olan eserde, Beyşehir'in coğrafi, ekonomik, sosyal, kültürel ve idari durumlarının yanı sıra Eşrefoğlu Külliyesinden de bahsedilmiştir[50].

Görüldüğü gibi bütün bu eserlerde Eşrefoğlu Camii ve Külliyesinden az ya da çok söz edilmiştir. Biz burada Beyşehir ve Eşrefoğlu Külliyesinin tanıtımına yönelik çalışma yapan herkese minnet ve şükranlarımızı sunuyoruz.

3. KÜLLİYENİN CUMHURİYET ÖNCESİ VE SONRASI DURUMU

3.1. Cumhuriyet Öncesi Durumu:

Külliye ile ilgili cumhuriyet öncesi bilgiler sınırlıdır. Bu eski bilgileri çoğunlukla yöreyi gezen seyyahlardan, arşiv vesikalarından ve vakıf kayıtlarından öğrenmekteyiz. Külliye ile ilgili en eski bilgilerden birisini Kâtip Çelebi vermektedir. XVII. yüzyılın ortalarında kaleme aldığı Cihannüma adlı eserinde Konya'nın livalarını sayarken Beyşehir livasını da belirtmiştir[51]. Bu bilgilere göre Beyşehir sancağına bağlı livalar Seydişehir, Bozkır, Göçiyy-i Kebir, Göçiyy-i Sağir, Kaşaklı ve Karail'dir.

"Bir gölün doğusunda bir kaza ve bir kasabadır. Düz yerde bir taş kalesi vardır. İki cânibine kapısı açılır. Sultan Alâeddin binasıdır. İki camii ve hamamı vardır. Hamamın biri kalededir. Kasaba çarşısı ve pazarı taşrada ayrı yerde Alarga'dadır. Bir tarafında bağ ve bahçesi vardır. Sahra tarafı otlaktır, Yağan derler. Bu kazanın bir nahiyesi vardır. Kıble tarafında birkaç pare köydür." diye bilgi vermektedir.

Bu bilgilere göre şehrin ve kalenin o günkü durumlarının yanı sıra Eşrefoğlu Camii, Demirli Mescit ve hamamların faal olduklarını görmekteyiz.

Kâtip Çelebi'nin yukarıda "Sultan Alâeddin binası" diye bahsettiği yerin Kubâd-âbad Sarayı(1220-1236) olduğu söylenebilir.

Charles Texier: Beyşehir ve yöresini 1832 yılında gezen Charles Texier[52] Beyşehir'in coğrafi durumu hakkında bilgi verdikten sonra külliye ile ilgili olarak da kısaca şunu belirtir: "Bir türbe, bir medrese ve minareli birkaç camii bütün eserlerini teşkil eder."

Friedrich Sarre: 1895 yılında yöreyi gezmiş ve Beyşehir ile ilgili genişçe bilgi vermiştir. Friedrich Sarre[53] kitabında İçerişehir mahallesindeki kale kapısından ve az miktarda sur kalıntılarından, bu surlar içindeki Selçuklu dönemi eserlerinden ve nihayet XIII. yüzyıla ait eski bir camii olan Eşrefoğlu Camii'nden bahseder. Caminin dış cephesi için şöyle bir açıklamada bulunur:

"Yapıda kullanılan kum taşı maalesef çok yumuşak ve iri delikli, dolayısıyla nişi çevreleyen bordürler ve süslemeler çoktan bozulmuş ve tanınmaz hale gelmiş durumda. (...) Eşrefoğlu Camisi, Orta Anadolu'da gördüğümüz en ilginç orta çağ eserlerinden biri. Zemini kaplayan o eski ve güzel halılardan birini maalesef satın alamadık." diyerek cami ve halılarına olan hayranlığını dile getiren Sarre sözlerinin devamında ise genel hatlarıyla dış mekânı ortaya koyar: "Caminin karşısında ahşap kapısı ile ilgi çeken bir medrese ile, içinde kalın payandalar yer alan eski ve muhteşem bir han bulunuyor."

46   Y. Önge, "Konya Beyşehir Eşrefoğlu Süleyman Bey Hamamı", **Vakıflar Dergisi**, Sayı: VII, Ankara, 1968, s.139-145.
47   M. Akok, "Konya Beyşehri'ndeki Eşrefoğ Camii ve Türbesi", **Türk Etnografya Dergisi**, Sayı: XV, Ankara, 1976, s.5-33.
48   B. Eyüboğlu, **Dünden Bugüne Beyşehir**, 1979, s.28-59.
49   Y. Erdemir, **Beyşehir Eşrefoğlu Süleyman Bey Camii ve Külliyesi**, Beyşehir, 1999.
50   B. Alperen, **Beyşehir ve Tarihi**, Konya, 2001.
51   Katip Çelebi, **Cihannümâ**, (Neş: İbrahim Müteferrika), 1058 (1648), Ayrıca bkz. İ.H. Konyalı, **A.g.e.**, s.66, 67.
52   Charles Texier, **A.g.e.**, s.202; İ.H. Konyalı, **A.g.e.**, s.71'de konu ile ilgili bilgi vermektedir.
53   F.Sarre, **A.g.e.**, 1895, (Çev. Dârâ Çolakoğlu), s.155-157.

F. Sarre (1895)

F. Sarre'nin verdiği bu bilgileri doğrultusunda eser üzerindeki tahribatın o yıllarda bile çok büyük olduğu anlaşılmaktadır ki, 1900 yılında caminin esaslı bir tadilatı yapılmıştır.

3.2. Cumhuriyet Sonrası Durumu

R.M. Riefstahl: Cumhuriyet sonrası döneme ilişkin bölge ile ilgili ilk araştırma yabancı yazar Riefstahl'a aittir. Riefstahl Anadolu'da araştırma yaparken Beyşehir'e de uğramış, öncelikli olarak Eşrefoğlu Camii'nin halılarını incelemiştir. Cami ile ilgili; "Selçuklu dönemine ait ahşap çatılı camilerin ilk şekillerindendir" vurgusunu yapan Riefstahl, caminin harap durumundan, yuvarlak şekilli maksurenin ön ve yan taraflarında gayet güzel çinilerinin bulunduğundan bahseder[54].

Y. Akyurt: Konya müzesi eski müdürlerinden olan Yusuf Akyurt, Beyşehir ile ilgili araştırmalarını 1936 yılında yapmıştır. 1940'ta yayınladığı makalesinde, Eşrefoğlu Türbesi, Han, Medrese ve Cami'nin o günkü durumları hakkında bilgi verirmiştir. Türbe içinde üç kabrin bulunduğunu ve üzerlerinin çinilerle kaplı olduğunu, zamanla bozulduğu için bunların üzerlerinin sıvandığını belirtir. Han (bedesten) için ise; o dönem itibariyle dışarıdaki dükkânlarla hanın altı adet kubbesinin yıkık olduğunu ve kubbelerin tahtalarla kapatıldığını söyler. "İsmail Ağa'nın bir türbesi, harap olmuş ve izleri belli medrese hücreleri vardır. Bu muhteşem ve müzeyyen ve tarih ve sanatça fevkalade kıymetli olan medreseden ancak müzeyyen ve oymalı olan büyük methalin bir kısmı ile bir kubbeli kısmı kalmıştır." diyen Akyurt, bu bilgilerini verirken, külliyenin tamire muhtaç yerlerini ise şöyle sıralar:

I- Eşrefoğlu Camii:

1- Büyük methalin harici,

2- İkinci iç methal,

3- Mihrabın önündeki kubbenin istinat kemerleri (çökmek üzeredir.)

4- Çinili mihrap,

5- Türbe kısmı, dâhili ve harici,

6- Akmakta olan cami tavanları,

II- Eşrefoğlu Hanı:

7- Bütün yerlerinde tamirat icrası lazımdır.

III- İsmail Ağa Medresesi:

8- Medresenin büyük ve harici methali,

9- Medresenin eski planının tespiti,

10- Türbe kısmının tamiri.[55]

---

54   R.M. Riefstahl, "Primitive Rugs of The 'Konya' Type in The Mosque of Beyşehir", **The Art Bulletin**, Vol. 13, (June, 1931), Chicago, s.113-118

55   Y. Akyurt, **A.g.e.**, s.118,119,122,129.

M. Akok: Relövesini yapmak için 1965 yılında Eşrefoğlu Camii'ne gelen Akok, o günlerde Vakıflar Genel Müdürlüğü tarafından camide geniş ölçüde onarım yapıldığını, ölçü alma işlemlerini yaparken her tarafta iskelelerin kurulu olduğunu ve o esnada kaldırılmış ve açılmış bazı kısımlardan binanın yapısındaki kuruluş şeklini ve malzeme özelliklerini tanıyabildiklerini belirtir. Kubbe için ise; "Maksurenin geçirdiği yıkılma tehlikesi karşısında 1900 yıllarında etrafına yardımcı ağaçtan direk, gergi ve payantlar konularak kurtarış yapılmıştır. Vakıflar Genel Müdürlüğü'nün son onarımlarıyla, maksure yapısında yürütülen restorasyondan sonra bu çeşit takviyelere gerek kalmadığından kaldırılmışlardır." diyerek caminin o günkü durumu hakkında bilgi verir[56].

İ.H. Konyalı: 1958'de başlayıp 1967 yılında tamamladığı, ancak 1991 yılında basılan Abideleri ve Kitabeleri ile Beyşehir tarihi adlı eserinde Eşrefoğlu Türbesi ile ilgili olarak; "...Benim ömrümde gördüğüm türbelerden hiç birisinin kubbesi böyle sıvama denecek halde çini ile kaplı değildir. Kubbede gök kubbesi bütün ihtişamıyla canlandırılmıştır. İnsan bu sanat ve renk ihtişamı karşısında saatlerce kendinden geçmiş ta kalbinden büyülenmiş gibi kalıyor. Yüreğim kanayarak söyleyeyim ki bu sanat semasının batı tarafı çökmüştür. Vakıflar Umum Müdürlüğü Türbeyi tamir ettirirken vaktiyle içeriye sızan yağmurlardan kubbe ile iltikasını kaybeden çinilerin altına bir askı yapmadan kubbenin üstüne döktüğü çimentolar çinileri sapır sapır düşürmüştür. Hâlâ da çinilerin bir kısmı salkım salkım bir haldedir. Ziyaretçilerin başlarına düşmelerinden korkulduğu için içeriye kimse alınmıyor. Dökülen çinileri de Konya Müzesi Müdürlüğü çuvallara doldurarak götürmüştür. Türbe ve camii 1956 dan 1962 yılına kadar bölüm bölüm tamir edilmiştir."[57] diye bilgi verir.

Y. Erdemir: 1999 yılında yayınlanmış olan eserinde Eşrefoğlu Camii için şu ifadeleri kullanır: "1996 yılında caminin zemini açılarak toprağı boşaltıldıktan sonra demir ve beton kirişlerle takviye edilip üstü tahtayla kaplanmıştır. Bu arada çini ve lambiri gibi parçaların bir kısmı tahrip olmuştur. Ayrıca portalin onarımı için kurulan iskele on yılı aşkın zamandır beklemekte iken geçen yıl onarım yapılmadan kaldırılmıştır. Bu arada ahşap kapı kanatlarının parçaları çalınmış ve bulunamamıştır. Ancak çalınmaya karşı tedbir olarak eski kapının dışına ve bunu korumak için geçte olsa yeni bir ahşap kapı takılmış, üzerine de bir saçak konmuştur."[58]

Ayrıca çalınan kapı parçaları için şöyle bir not düşme gereğini hisseder: "Çalışmamız baskıya verilmeden önce tarafımdan tashihi yapılırken (05.06.1999) günü, müze araştırmacısı Sn. Yusuf Benli çalınan parçaların Danimarka'da tespit edildiğini haber vererek resmi yazışmalar ve teyit için fotoğraflarını istemiştir. İlgilerine teşekkür ederim."[59]

Y. Erdemir'in belirttiği gibi 1996 yılında çalınmış olan bu kapı kanatlarının parçaları, 1999'da Danimarka'da tespit edildikten sonra resmi yazışmalar neticesinde 2000 yılında ülkemize getirilmiştir. Önce Ankara'daki Anadolu Medeniyetler Müzesinde sergilenmiş, ardından 2008'de de Konya'daki Sahip Ata Müzesine aktarılmıştır.

Cumhuriyet öncesi ve sonrasında yapılan bu tip yayınlar, külliyenin eski durumu hakkında bilgi vermekle kalmamış, bakım ve onarımı için de geleceğe ışık tutucu olmuştur.

Külliye ile ilgili en son restorasyon çalışması 2003-2009 yılları arasında yapılmıştır. Bu çalışmalar esnasında 2003-2005 yılları arasında camiinin, 2006-2007 yılları arasında hamamın, 2007-2008 yılları arasında da medresenin restorasyonu yapılmıştır. Söz konusu bu restorasyonlarla ilgili bilgiler külliyenin kendi bölümleri içinde bahsedilecektir.

Tarihi eserlerin restorasyonunu gerçekleştiren Bölge ve Vakıflar Genel Müdürlüğü'ne teşekkür ederek bu bahsi tamamlamak istiyoruz.

---

56   M.Akok, **A.g.e.**, Sayı: XV (1976) s.7,10,11
57   İ.H. Konyalı, **A.g.e.**, s.65.
58   Y. Erdemir, **A.g.e.**, s.12.
59   Y. Erdemir, **A.y.**

ÜÇÜNCÜ BÖLÜM

1. EŞREFOĞLU CAMİİ'NİN YAPILIŞI

Yüzyıllara meydan okurcasına hâlâ dimdik ayakta duran, Selçuklu ve Beylikler döneminin nadide eserlerinden olan Eşrefoğlu Camiinin yapılışı hakkında iki farklı görüş vardır.

Defter-i Atik'teki kayıt suretine göre camii H. 557 / M. 1162 yılında Sultan Sencer tarafından yaptırılmış, H. 667 / M. 1268 yılında ise Eşrefoğlu Seyfeddin Süleyman Bey tarafından tamir ettirilmiştir[60]. Hemen hemen hiçbir tarihçinin katılmadığı bu görüşün zayıf olduğunu Büyük Selçuklu Devleti'ne istinaden Yusuf Akyurt şöyle açıklamaktadır:

"Son Selçuk Sultanı olan bu Sencer garp memleketleri umuruna müdahale etmekle beraber şarktaki memleketleri üzerine hüküm sürüyordu. Fakat garp memleketlerine o kadar nüfuzunu icra edemiyordu. Zira kendisine yakın olan İlhanları ve Gaznelileri mağlup etmek için uğraşıyordu. Şu sebeple garp tarafından kat'i hâkimiyetini temine zaman ve mekân müsait değildi. Buna binaen Sencer'in bugün yukarıda zikrolunduğu üzere H. 557 = M. 1162 tarihinde Beyşehri'nde yaptırdığı diye kaydedilen camiin bunun olmasına imkân yoktur fikrindeyim. Çünkü Sencer'in vefatı H. 552 = M. 1157 senesine tesadüf ediyordu ki bunun vefatından 5 sene sonra nasıl yapılabilir?"[61]

Buradaki "1268 yılında Süleyman Bey Camii tamir ettirmiştir" ifadesi, araştırmacılar tarafından çürütülmüştür. Zira 1268 yılında Eşrefoğlu Beyliği daha kurulmamıştır. Ayrıca camideki hiçbir kitabede de Sencer ismi geçmemektedir.

Eşrefoğlu Camiinin yapılışı ile ilgili ikinci görüşse camii, 1296-1299 yılları arasında Eşrefoğlu Beyliği'nin kurucusu Seyfettin Süleyman Bey yaptırmıştır[62].

Kabul gören bu görüşü türbe kitabesi ve camideki üç adet kitabe desteklemektedir. Bu kitabelerin üçünde hem tarih hem isim, birinde ise sadece isim zikredilmektedir. Biz burada şimdilik bu dört kitabenin sadece Türkçe anlamlarını vermekle yetineceğiz. İleride caminin bölümleri anlatılırken söz konusu bu kitabelerin Arapça metinlerine de yer verilecektir.

Birinci kitabede isim, tarih ve vakıflar yazılıdır.

İkinci kitabe, taç kapıdan içeri girdikten sonra harime geçişteki sivri kemerli iç geçidin üstündekidir. Kitabenin Türkçe manası şöyledir:

"Bu mübarek mescidi din ve devletin kılıcı hayırlı emir Eşrefoğlu Süleyman 699 yılında yaptırdı."[63]

Üçüncü kitabe ise minber kapısı ile minberin aynalığı arasındadır ve şöyledir:

"Taht gibi yüce minberin yapılmasını adaletli emir Eşrefoğlu Kahraman Süleyman emretti."[64]

Dördüncü kitabe, camiye bitişik olan türbenin kapısı üzerindedir. Bu kitabenin Türkçesi ise: "Bu mübarek ve uğurlu türbenin yapılmasını iki dünyada (dünya ve ahiret) yüce Allah'ın azabından emin, din, millet ve hakkın kılıcı, yücelikler (büyüklük) babası, seçkin ve şerefli, emir Eşrefoğlu Süleyman 701 yılında emretti." şeklindedir[65].

Görüldüğü gibi bu kitabeler caminin Eşrefoğlu Seyfeddin Süleyman Bey tarafından yaptırıldığının en belirgin delilleri durumundadır.

2. EŞREFOĞLU CAMİİ'NİN VAKIFLARI

Seyfeddin Süleyman Bey, camideki birinci kitabeye taç kapı portalinin üstüne caminin vakıflarını da yazdırtmıştır. İki satır halinde yazılmış olan bu kitabenin Türkçesi şöyledir:

1. satır: "Bu mübarek mescidi yapan adaletli ve hayırlı bir emir Eşrefoğlu Süleyman Allah kabul etsin Bezziye hanını, bu hanın ve büyük mescidin etrafındaki dükkânları, büyük hamamı, vakfiyesinde belirttiği yirmi evi ve yine vakfiyede anılan ikişer gözlü, Efis, Kalu ve Selmen değirmenlerini vakfetmiştir. Bütün bu emlâkin gelirleri rakamla on iki bin dirhem(dir)."

---

60   Y. Akyurt, "Beyşehri Kitabeleri ve Eşrefoğlu Camii ve Türbesi", **Türk Tarih, Arkeologya ve Etnografya Dergisi,** 1940, s.103. (Defter-i Atik kayıt suretini aynen yazmış ve bu kayıttan başka, konu ile ilgili başka bir bilginin olmadığı belirtilmiştir.)

61   Y. Akyurt, **A.g.m.,** s.104.

62   İ.H. Konyalı, **Abideleri ve Kitabeleriyle Beyşehir Tarihi,** Erzurum, 1991, s.223, 225; Y. Akyurt, **A.g.m.,** s.103; F. Sarre, **Küçükasya Seyahati,** 1895 yazı, (Çev. Dârâ Çolakoğlu), Pera Yayınları, s.155, 156; M. Akif Erdoğru, **Osmanlı Yönetiminde Beyşehir Sancağı,** İzmir,1998, s.13; **Anadolu Uygarlıkları, Görsel Anadolu Tarihi Ansiklopedisi,** C.1, s.665; M. Akok, " Konya Beyşehri'ndeki Eşrefoğlu Camii ve Türbesi", **Türk Etnografya Dergisi,** Sayı: XV, Ankara, 1976, s.5; Y. Erdemir, **Beyşehir Eşrefoğlu Süleyman Bey Camii ve Külliyesi,** Beyşehir, 1999, s.17.

63   İ.H. Konyalı, **A.g.e.,** s.225.

64   İ.H. Konyalı, **A.g.e.,** s.236.

65   İ.H. Konyalı, **A.g.e.,** s.62, 63; Y. Akyurt, **A.g.m.,** s.119.

2. satır: "Vakıf bütün bu kaynaklardan gelenin beşte birini evladına mütevellilik olarak şart etmiştir. Evladı da büyük izzet ve devlet sahipleri Mehmet ve Eşref Beyler'dir. Bunlar ve evladı kuşaktan kuşağa (ebedlere kadar) mütevelli olacaklardır. Bu vakıf doğrudur ve şer'a uygundur. Bunu işittikten sonra kim ki bu şartları değiştirirse günahı onların boynuna olsun. Bu vakıf 696 Hicri yılında yapılmıştır."[66]

Bu vakfiyeye Karamanoğlu ve Osmanlı döneminde ilaveler yapılmıştır. 1467 yılına kadar Beyşehir, Karamanoğulları ve Osmanoğulları arasında sık sık el değiştirmiş, nihayet 1467 yılında Fatih Sultan Mehmet tarafından kesin olarak Osmanlı topraklarına katılmıştır. Osmanlı Kanunnamesine göre bu yeni alınan yerlerin yazımlarının yapılması gerekiyordu. Fatih, bu yazımı 1476 yılında Gedik Ahmet Paşa'nın sadrazamlığı zamanında yaptırmıştır. 1476 yılında kayıt altına alınan Karaman vilayeti ile ilgili bu defterde[67] Beyşehir'de 62 adet vakıf saptanmıştır. Bu defterde ilk önce Eşrefoğlu Camii'ne yer verilmiş ve caminin gelir kaynakları da belirtilmiştir.

Eşrefoğlu Cami'sinin Gelir Kaynakları:

- Dükkânlar: Beyşehir'de demirciler, kazancılar ve camii etrafında 90 adet (bab) dükkân.

- Zeminler: Beyşehir'in tatar bahçesi, bendbaşı, yassıviran ve musalla mevkilerinde, Avşar, İğdir, Kavacık, Hüssün, Bademli, Kınık ve Avdancık köylerinde 120 dönümden fazla tarla.

- Bağlar: Göl kenarı (kenar-ı derya) ve Eşkin Kavağı mevkii ile Yelten, Avdancık, Akçapınar, Bademli, Kıstıvan ve Avşar köylerinde 13 dönüm bağ.

- Hamam: Eşrefoğlu Süleyman Bey hamamının yıllık icar geliri.

- Muhavatta: Beyşehir'de Gölkapusu mevkiinde etrafı duvarla çevrili yer.

- Han: Eşrefoğlu Camii yanındaki Bezzaziye hanı (bugünkü bedesten).

- Öşürler: Tarlalardan kalkan zahirenin öşrü.

- Değirmenler: Beyşehir'in Eylikler (Enükler) köyünde Abdullah oğlu Sudun ağanın vakfettiği iki bab (adet) su değirmeni.

- Rıbhlar (Kârlar): Mehmet b. Ahmet, Kasım halife, Hamza, Hacı Mahmut, Zevce-i Akbaş, Zevce-i Çırağ vakıflarının yıllık gelirlerinin rıbhı (kârı) daha sonra Cevher Ağa ve Nizameddin kervan saraylarının vakıfları da Eşrefoğlu Camii vakfına devredilmiştir[68].

O yıllarda vakfa ait tarla ve bağların 130 dönümden fazla olduğu görülmektedir. Para olarak ise 1476 yılında 6404, 1483'de 4230, 1500'de 5910, 1524'de 5760 ve 1583'de 4531 akçe gelirinin olduğu kayıtlardan anlaşılmaktadır[69].

Süleyman Bey kitabenin sonunda, şartları değiştirenler için "günahı onların boynuna olsun" diyerek büyük bir vebal yüklemiştir. Vakfiyede bugün için, yukarıda sayılan yerlerden külliye dışında hiçbirisi kalmamıştır. Demek ki zaman içinde bilinçli ya da bilinçsiz bu vakıflar başka yerlere kaydırılmış veya satılmıştır.

Şu olay Süleyman Bey'in vakfiyesinde şartlara uymayanlara yüklemiş olduğu vebali en güzel şekilde anlatmaktadır.

İbnü Ömer (r.a.) anlatıyor "Hz. Ömer (r.a.) Hayber de ganimetten bir arazi sahibi oldu (bunu tasadduk etmesini emreden bir rüyayı üst üste üç gün görmesi üzerine) Rasulüllah (s.a.v.) Efendimize gelerek:

"Ey Allah'ın Rasulü! Ben Hayber'de bir tarlaya sahip oldum. Şimdiye kadar yanımda böylesine değerli bir arazim hiç olmadı. Bu tarla için bana ne emir buyurursunuz?" diye sordu.

Peygamberimiz (s.a.v.) de:

"Dilersen onu aslını (Allah için) hapset ve (gelirini) tasadduk et!" buyurdular. Bunun üzerine Hz. Ömer (r.a.) araziyi tasadduk etti, aslının satılamayacağını ve satın alınamayacağını, varis olunamayacağını, hibe edilemeyeceğini söyledi.

"Hz. Ömer (r.a.) bu araziyi fakirlere, akrabalara, kölelere, Allah yolunda harcamalara ve yolculara bağışladı. (Bir rivayette misafirlere de denmiştir.) Onun işlerini üzerine alanın ondan maruf üzere yemesinde veya bir dostuna yedirmesinde bir beis yoktur, yeter ki, malı kendisine sermaye yapmasın." [70]

66   İ.H. Konyalı, **A.g.e.**, s.222; Y. Akyurt, **A.g.m.**, s.113.
67   M.A. Erdoğru, "Eşrefoğlu Seyfeddin Süleyman Bey Camii'nin Vakıfları", **Ege Üniversitesi Tarih İncelemeleri Dergisi,** Sayı: VI, İzmir, 1991, s.97; İ.H. Konyalı, **A.g.e.**, s.75,76.
68   M.A. Erdoğru, **A.g.m.**, s.96; İ.H. Konyalı, **A.g.e.**, s.77,78.
69   M.A. Erdoğru, **A.g.m.**, s.97
70   İ. Canan, **Kütüb-i Sitte**, Akçağ Yayınları, Ankara, 1988, Cilt:16, s.279.

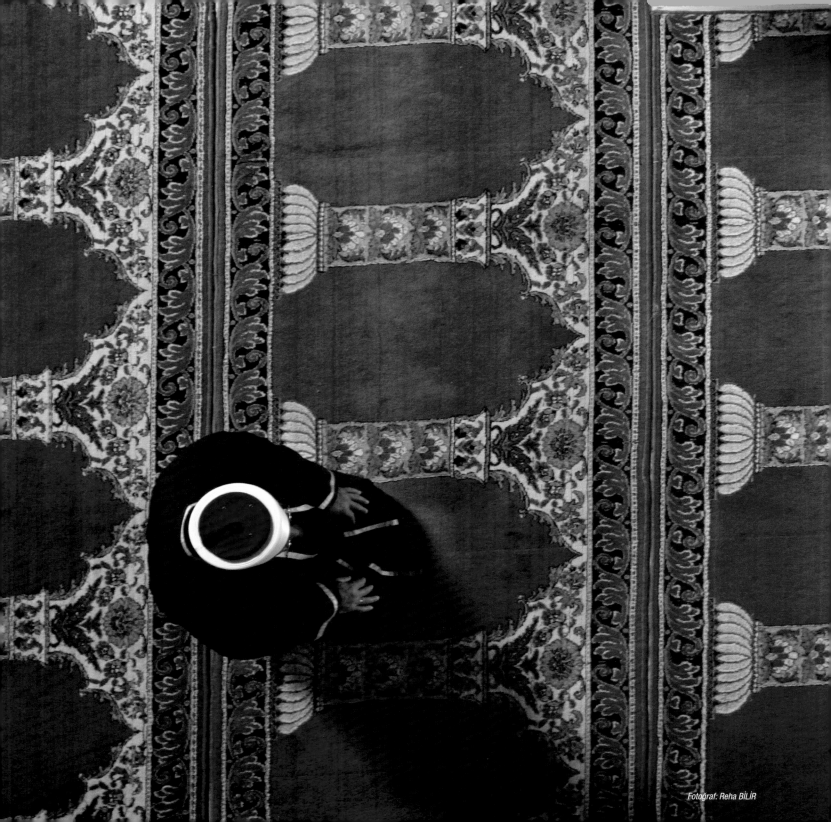

Kanuni Sultan Süleyman Vakfiyesi

VAKIF DUASI

"Her kimse ki; Vakıflarımın bekasına özen ve gelirlerinin artırılmasına itina gösterirse, bağışlayıcı olan Allahu Teâlâ'nın huzurunda ameli güzel ve makbul olup, mükâfatı sayılamayacak kadar çok olsun, dünya üzüntülerinden korunsun ve muhafaza edilsin..."

Kanuni Sultan Süleyman Vakfiyesinden

Hicri 950 / Miladi 1543

VAKIF BEDDUASI

"Allah'a ve Ahiret gününe İnanan, güzel ve temiz olan Hazreti Peygamberi tasdik eden, Sultan, Emir, Bakan, küçük veya büyük herhangi bir kimseye, bu vakfı değiştirmek, bozmak, nakletmek, eksiltmek, başka bir hale getirmek, iptal etmek, işlemez hale getirmek, ihmal etmek ve tebdil etmek helal olmaz. Kim onun şartlarından herhangi bir şeyi veya kaidelerinden herhangi bir kaideyi bozuk bir yorum ve geçersiz bir yöntemle değiştirir, iptal eder ve değiştirmesi için uğraşır, fesh edilmesine veya başka bir hale dönüştürülmesine kastederse, haramı üstlenmiş, günaha girmiş ve masiyetleri irtikap etmiş olur. Böylece günahkarlar alınlarından tutularak cezalandırıldıkları gün Allah onların hesabını görsün. Mâlik onların istekli si, zebaniler denetçisi ve cehennem nasibi olsun. Zira Allah'ın hesabı hızlıdır. Kim bunu işittikten sonra, onu değiştirirse onun günahı, değiştirenler üzerinedir. Kuşkusuz O, iyilik edenlerin ecrini zayi etmez..."

Kanuni Sultan Süleyman Vakfiyesinden

Yine konu ile ilgili Kanuni Sultan Süleyman'ın vakfiyesi dikkat çekici mahiyettedir[71].

Uzun yıllar ilgisiz kalınan Eşrefoğlu Külliyesi son yıllarda Vakıflar Genel Müdürlüğü tarafından restore edilerek ayağa kaldırılmıştır. Eğer yukarıda belirtilen vakıf şartlarına riayet edilmiş olsa idi elde edilen gelirler büyük ölçüde cami ve külliyenin ihtiyaçlarının karşılanmasında kullanılır, belirli bir ölçüde de olsa ihtiyaçları giderilebilirdi.

Cami cemaatinden ve hâlâ hayatta olan Naci Demirat (d. 1929) ile yaptığımız şahsi mülakatta şunları aktarmıştır:

"1945'li yıllara kadar caminin 340 dönüm tarla ve arsası vardı. Ancak; İlgisizlikten bu tarlaların birçoğu ekilmiyor, ekilenler ise icar yoluyla kiraya veriliyordu. Caminin payına düşen mahsul ise caminin son cemaat mahalli olan kısmına dökülerek orada satılırdı. Mahsulden elde edilen gelir ise caminin aydınlatılmasında kullanılan gaz lambasının bir yıllık gaz giderine ve ufak tefek bazı giderlerine ancak yeterdi. 1941 yılında cami aydınlatmasında kullanılmak üzere ilk defa lüks lambası alındı. Bedeli ise 13 lira idi. İnanın bu para, yazınki mahsul satılıncaya kadar ödenemedi. Zaten ilgisizlikten büyük çoğunluğu ekilmeyen bu tarlalar, camii vakfından alınarak 1942-1960 yılları arasında satılıp bitirildi."

Naci Demirat bu arazilerin hepsinin kayıtlarının olup olmadığıyla ilgili olarak da şunları ifade etmiştir:

"Büyük çoğunluğu kayıtlıydı ancak o günlerde söz senetti. Birisi şahitler huzurunda 'Tarlamı, arsamı vs. camiye vakfettim.' dedi mi, o iş tamamdı. Böyle vakıflar da vardı; ama azdı."

Naci Bey'in 340 dönüm olarak belirttiği tarla ve arsa için 850 dönüm diyen kişilere de rastladığımızı bu arada belirtmek isteriz.

2009 yılı itibariyle Beyşehir Tapu Sicil Müdürlüğünden çıkartmış olduğumuz tapu senetlerine göre, eskiden Eşrefoğlu Camii Vakfiyesinde olan aşağıdaki yerler bugün Vakıflar Genel Müdürlüğü bünyesindedir:

1. Eşrefoğlu Camii ve Türbesi (avlusu dâhil) 5664 m²
2. Medrese 427 m²
3. Bedesten 596 m²
4. Hamam 949 m²
5. Tarla (Konya yolu üzerinde) 8085 m²
6. Arsa (İçerişehir mahallesi) 119 m²
7. Arsa (İçerişehir mahallesi) 329 m²

---

71   Bkz. Kanuni Sultan Süleyman Vakfiyesi, **Vakıflar Genel Müdürlüğü Arşivi.**

3. EŞREFOĞLU CAMİİ'NİN GÖREVLİLERİ

Fatih Sultan Mehmet Han döneminde camide 1 imam, 1 hatip, 4 hafız, 2 müezzin, 1 muarrif, 1 kayyım, 1 vaiz ve mütevellinin görev yaptığı kaynaklarda geçmektedir. Bu görevlilere XVI. yüzyılda huffaz, müşrif, cüzhan, türbedar ve sermahfil gibi yeni görevliler ilave edilmiştir. XVIII. yüzyılda ise bunlara bir de ferraşlık eklenerek görevli sayısı artırılmıştır[72].

a. İmamlar:

Fatih döneminde 1483 tarihli Karaman ve Kayseri vakıf defterindeki kayıtlara göre, Eşrefoğlu Camii imamı Antepli Sinan adında bir Hoca Efendi'dir[73]. 1754 yılında cami imamı olarak Mahmut adlı bir kişi görevdeyken bir süre imam ve hatiplik görevini aynı anda yürütmek üzere İsmail adlı Hoca görevi ondan devralmış, ancak 1757 yılı Ocak ayında Mahmut Hoca eski beratıyla cami imamlığına geri dönmüştür[74].

1791'den 1863'e kadar Eşrefoğlu Camii'nde imamlık, Mehmet b. Salih'in oğulları tarafından müştereken yürütülmüştür. 1791 yılında camide imam olarak Mehmet b. Salih gözükürken aynı yılın Temmuz ayında onun vefat etmesi üzerine imamlık görevi oğulları Salih, Hüseyin ve Abdüsselam'a tevcih olunmuştur. 1794 yılında bu üç kardeşten Salih vefat edince ¼ hissesi kardeşleri Hüseyin ile Abdüsselam'a bırakılmış, 1804 yılında Hüseyin'in vefatıyla da imamlık Abdüsselam'a kalmıştır[75].

1845 yılında Eşrefoğlu Camii imamlığını hâlâ Abdüsselam hoca yürütürken, camii vakfına ait bir dönüm bağı tasarruf ettiği bunun yanında hocanın bir inek ve bir merkepten başka mal ve mülkünün de olmadığı görülüyor[76]. Abdüsselam hoca vefat edince 22 Kasım 1863 tarihinde Mehmet b. Hüseyin imamlığa getirilmiş, 3 Ağustos 1873 tarihinde ise imamlık görevine Salih b. Abdullah atanmıştır[77].

XVIII. yüzyılda Eşrefoğlu Camii'nde görev yapan imamlar günde 2 akçe ücret almışlardır. Osmanlı döneminde imamlık ve hatiplik görevleri bazen tek kişi tarafından bazen de ayrı ayrı kişiler tarafında yürütülmüştür.

1873'ten sonra cami imamlığı ile ilgili herhangi bir bilgiye ulaşılamamış; ancak Cumhuriyet dönemindeki görevliler (imam-hatip ve müezzin-kayyımlar) tarafımızdan tespit edilmiştir. Beyşehirli Mimar Sabit Kasapoğlu'un dedesi (anne babası) Pulcu Halil İbrahim Efendi 1895'ten vefat ettiği 1935'e kadar Eşrefoğlu Camii'nde 40 yıl imam-hatiplik yapmış ve Osmanlı döneminde başlayan görevi Cumhuriyet döneminde son bulmuştur.

İmam-Hatip Pulcu Halil İbrahim Efendi

Cumhuriyet döneminde Eşrefoğlu Camii'nde İmam-Hatiplik yapan görevliler:

İmam-Hatip	Görev Yaptığı Yıllar
Hüyüklü Abdullah Efendi	1935-1937
Aksekili Mehmet Efendi	1938 (1 yıl kadar)
Karaağaçlı İsmail Efendi	1939 (1 yıl kadar)
Üzümlülü Abdullah Efendi	1940 (1 yıl kadar)
Doğanbeyli Mustafa Efendi	1941 (1 yıl kadar)

1942 yılında 1 yıl boyunca imam gelmemiş müezzin Mustafa Demirat imamlık vazifesini ifa etmiştir. 1941 yılına kadar cami üstü toprak damla örtülü olup dama biriken kar ve yağmur suları cami içine aktığından, camii çok soğuk oluyor dolayısıyla ücretleri halk tarafından karşılanan imamlar da görüldüğü gibi fazla durmayıp görevden ayrılmışlardır. Bu imamların aylık ücretleri 9 lira imiş ve ücretleri halk tarafından karşılanırmış[78].

Eşrefoğlu Camii'ne ilk kadrolu imam 1943 yılında atanmıştır.

---

72   İ.H. Konyalı, **A.g.e.**, s.240; M.A. Erdoğru, **A.g.m.**, s.97; H. Muşmal, "XVIII. ve XIX. Yüzyıl Beyşehir Kentinde Bulunan Müesseseler ve Vakıfları", **Selçuk Üniversitesi Türkiyat Araştırmaları Dergisi**, Sayı: 19, 2006, s.238-243.

73   İ.H. Konyalı, **A.g.e.**, s.240; Y. Erdemir, **A.g.e.**, s.14.

74   VGMA, HD, Nr. 1097, S.17; Nr. 1097, S.18 a; Nr. 1058, S.72; H. Muşmal, **A.g.m.**, S.240 47. dipnot

75   VGMA, HD, Nr.537, vr. 75 a; Nr.537, vr. 75 b; Nr. 539, S.152; H. Muşmal, **A.g.m.**, s.240.

76   BOA, ML. VRD. TMT, Nr. 9825, 1260-61/1844-1845; H. Muşmal, **A.g.m.**, s.240.

77   VGMA, şahsiyet kayıtları, 9-1, sr.311; H. Muşmal, **A.g.m.**, s.240.

78   O yıllarda camilere henüz kadro verilmediğinden biz bu bilgileri, 1933-1943 yılları arasında Eşrefoğlu Camii müezzinliğini yapmış Mustafa Demirat'ın hâlâ hayatta olan oğlu Naci Demirat'tan ve yine hayatta olan ve uzun yıllar imamlık, müezzinlik ve Beyşehir Müftülüğünde memur olarak çalışan İsmail Gümüş'ten edindik.

Eşrefoğlu Camii İmamlarından Fotoğraflarını Temin Edebildiklerimiz

İmam-Hatip	İmam-Hatip	İmam-Hatip	İmam-Hatip	İmam-Hatip
Mehmet KAYMAKÇI	Hüseyin EYLİKLER	Hüseyin AKTİTİZ	Ramazan TELLİ	İsmail EFE

Eşrefoğlu Camii İmamlarından Fotoğraflarını Temin Edebildiklerimiz

Eşrefoğlu Camii'nin Kadrolu İmamlarının Listesi

İmam-Hatip	Görev Yaptığı Yıllar
(Gökçimenli) Abdurrahman ALTUN	1943 – 1951
Süleyman AKSOY	31.01.1952 – 18.10.1960
(Seydişehir Çavuşlu) Haydar KAYA	29.12.1960 – 15.03.1961
(Çetmili) Hüseyin ŞAHİN	10.04.1961 – 16.01.1962 (müstafi)
(Yenidoğanlı) Mehmet KAYMAKÇI	15.04.1962 – 18.02.1963 (350 lira maaş)
(Eyliklerli) Hüseyin EYLİKLER	30.06.1963 – 01.08.1972 (1968'de maaş 400 lira)
(Üzümlülü) Hüseyin AKTİTİZ	10.01.1973 – 30.06.1982
(Eyliklerli) Ramazan TELLİ	04.10.1982 – 10.11.2004

İsmail EFE 22.05.2000 tarihinde müezzin olarak başladığı camide, İmam-Hatip Ramazan Telli'nin 10.11.2004 tarihinde emekliye ayrılmasıyla daha önce imamlık müktesebi olan İsmail EFE, Beyşehir Müftülüğünün açmış olduğu imtihanı kazanarak 13-01-2005 tarihinden itibaren İmam-Hatiplik görevine atanmış olup halen bu görevi yürütmektedir.

Kadrolu imamlar listesi tarafımızdan, Beyşehir Müftülüğü arşivinden çıkartılmıştır.

b. Müezzinler:

Müezzinler ile ilgili ilk bilgiler XVIII. yüzyılın başlarına kadar uzanmaktadır[79]. 1705 yılında günde yarım akçe ücret karşılığı müezzin olan Ömer adlı şahıs vefat edince yerine oğlu Ahmet müezzin olmuş, O da, bir müddet sonra bu görevi kardeşi Mehmet'e bırakmıştır. O yıllarda Eşrefoğlu Camii'ne müezzin olabilmek için âdeta bir yarış başlamış ve görevde olan müezzinlere müdahaleler olmuş hatta İsmail adlı kişi bir ara müezzinliği ele almışsa da kısa bir süre sonra azledilmiştir[80].

---

79 Müezzin kelimesi sözlükte, "*Çağrıda bulunan, ezan okuyan, kamet getiren kimse*" anlamına gelmektedir. Dini terminolojide "*ezan okuyan, kamet getiren*" manasında kullanılan bu kelimenin yerine bazen münadi kelimesi de kullanılmıştır. *Bkz*. M.S. Küçükaşçı, "Müezzin", **Türkiye Diyanet Vakfı İslam Ansiklopedisi,** C.31, s.491.

80 VGMA, HD, Nr. 1133, vr. 80 a; H. Muşmal, **A.g.m.**, s.240, 56. dipnot.

Eşrefoğlu Camii Müezzinlerinden
Fotoğraflarını Temin Edebildiklerimiz

Mustafa DEMİRAT

Sabri ÖZBEK

Mehmet KURT

Ömer GENÇ

Bünyamin TURGUT

Mustafa AĞRALI

Abdullah TUTAL

Ali KOÇAR

İsmail EFE

Adem SÖZEN

Yusuf MIZRAK

Ali AKKUŞ

İsa ŞİMŞEK

Cumhuriyet Döneminde Eşrefoğlu Camii'nin Müezzinlerinin Listesi

Mustafa DEMİRAT	1933 – 1943
Hüseyin GÖÇERİ	15.10.1943 – 11.08.1966
Sabri ÖZBEK	1967 – 1975
Mehmet KURT	06.06.1975 – 03.08.1989

Eşrefoğlu Camii'nin tarihi ve turistik bir cami olması nedeniyle 1987 yılında ikinci müezzinlik kadrosu verilmiş ve o tarihten itibaren camide 1 imam 2 müezzin görev yapmaktadır.

Ömer GENÇ	09.11.1987 – 17.07.1990
Bünyamin TURGUT	01.02.1989 – 01.12.1993
Mustafa AĞRALI	18.09.1990 – 28.01.1992

Abdullah TUTAL	04.03.1992 – 16.11.1998
Ali KOÇAR	22.09.1994 – 28.08.1995
İsmail EFE	12.11.1999 (vekâleten) 22.05.2000 (asaleten) 13.01.2005 aynı camide imamlığa geçti.
Adem SÖZEN	17.01.2000 – 15.10.2009
Yusuf MIZRAK	07.06.2006 – halen göreve devam ediyor
Ali AKKUŞ	18.01.2010 – 15.03.2011
İsa ŞİMŞEK	27.06.2011 – halen göreve devam ediyor

c. Hatipler:

Eşrefoğlu Camii'nde, hatipler hakkındaki ilk bilgi 1696 yılına aittir. Aynı yıl Ekim ayında Hatip Osman görevden alınmış, yerine Hatip Abdurrahman atanmıştır[81]. Bundan sonraki bilgi; XVIII. yüzyıla ait olup, hatiplerin vakıf mahsulünden günde 2 akçe aldıkları[82], yine aynı yüzyıla ait bir belge ise 1754 yılı Aralık ayında Hatip İsmail'in bu görevi yanında imamlık görevini de yürüttüğü ile ilgilidir[83]. Görüldüğü gibi XVIII. yüzyılda hatiplik ve imamlık görevi günümüzde olduğu gibi birleştirilmiş ve tek bir Hoca tarafından yürütülmüştür.

XIX. yüzyılın ortalarında hatip ve imamlar yeniden ayrı ayrı atanmaya başlanmış 1845 yılında Yunus b. Hacı Hasan[84], 1871 yılında Mustafa Efendi b. Ahmet, 1898 yılında ise Hafız Hüseyin b. İbrahim hatip olarak görev yapmışlardır[85].

d. Mütevelliler:

Eşrefoğlu Camii'nde görev yapmış mütevelliler[86] ile ilgili mevcut belgelere göre caminin bilinen en eski mütevellisi Seyyid Abdullah'tır. Günde bir akçe ücret karşılığında görev yaparken, cami ile yeterince ilgilenmediği için görevden alınmıştır[87].

1785 yılında mütevellilik görevini Hacı Hüseyin'den devralan Hacı Ahmet'in bu görevini 1804 yılına kadar devam ettirdiği görülürken Hacı Ahmet 1804 yılında vefat edince Hasan b. Ahmet mütevellilik görevine atanmıştır[88].

Kayıtlara göre 1705-1804 yılları arasında Eşrefoğlu Camii'nde mütevellilik yapanları şöyle sıralayabiliriz: 1705'de mütevelli Seyyid Abdullah, 1751'de mütevelli Mahmut, 1757'de mütevelli Mehmet, 1758'de mütevelli Abdülkadir Halife, Ne zaman atandığı kaydedilmeyen mütevelli Halil, 1765'de mütevelli Molla Ali, 1804'de mütevelli Hacı Ahmet.[89]

e. Vaizler:

Eşrefoğlu Camii'nde görev yapan vaizler aynı zamanda Eşrefoğlu Camii nükûd-ı mevkûfesinin de mütevellisi idi[90]. 1757 yılında Mehmet adlı şahsın Eşrefoğlu Camii'ne vakfettiği 200 kuruşluk "nükûd-ı mevkûfe" için bir mütevelli gerekli olmuş ve bu görev cami vâizi Hâfız İsmail'e verilmiştir[91]. XVIII. ve XIX. yüzyıllarda vaizler günde 1 akçe alırlardı[92].

f. Kayyımlar:

Elde edilen bilgilere göre XVIII. yüzyıl başlarında Eşrefoğlu Camii'nde görev yapan kayyımlar günde yarım akçe alırlarken[93] XVIII. yüzyılın ikinci yarısı ile XIX. yüzyılın ilk yarısında günde 1 akçe karşılığında görev yapmışlardır. Kayyımlarım uzun süre görevde kaldıkları, görevlerinin ancak ölümleri ile sona erdiği anlaşılmaktadır[94].

81 H. Muşmal, **A.g.m.**, s.241, 51. dipnot.
82 H. Muşmal, **A.g.m.**, s.241.
83 H. Muşmal, **A.g.m.**, s.241, 53. dipnot.
84 H. Muşmal, **A.g.m.**, s.241.
85 H. Muşmal, **A.g.m.**, s.241, 54. dipnot.
86 Mütevelli: Vakfiye şartları, şer'i hükümler ve mer'i mevzuat çerçevesinde vakfın işlerini idare etmek üzere görevlendirilen, kısaca vakıf işlerini yürütmek üzere tayin edilen kimselere denir. N. Özyürk, "Mütevelli", **Türkiye Diyanet Vakfı Ansiklopedisi**, İstanbul, 2006,C.32, s.217.
87 H. Muşmal, **A.g.m.**, s.239.
88 VGMA, HD, Nr. 1704, vr. 67 b; Nr. 539, s.152; H. Muşmal, **A.g.m.**, s.239, 42. dipnot.
89 H. Muşmal, **A.g.m.**, s.239, 42,43. dipnot.
90 H. Muşmal, **A.g.m.**, s.242.
91 VGMA, HD, Nr. 1097, s.17; Nr. 1097, vr. 21 a; H. Muşmal, **A.g.m.**, s.242.
92 H. Muşmal, **A.g.m.**, s.242.
93 VGMA, HD, Nr.1141, vr. 75 a; H. Muşmal, **A.g.m.**, s.242.
94 VGMA, HD, Nr. 1097, vr. 20 a; Nr. 539, s.152; Nr.542, vr. 35 b; Nr.543, S.91; H. Muşmal, **A.g.m.**, s.240.

Kayyım kelimesi kayyum kelimesi ile karıştırılmamalıdır. Kayyım, vakıf mütevellisi ve camilerde temizlik görevlisi demektir. Terim olarak diğer bir tanımı ise: "Hâkim tarafından kısıtlı, gaib vb. kişiler adına hukuki tasarrufta bulunmak üzere tayin edilen kimse" şeklindeki geniş anlamı yanında "vakıf mütevellisi" ve "camilerin temizlik işlerini yapan görevli" anlamında da kullanılmıştır[95].

Kayyum ise, Esmâ-i Hüsnâ'da geçen Allah'ın isimlerinden biri olup "her şeyin varlığı kendisine bağlı olan kâinatı idare eden" demektir[96].

g. Muarrifler:

Eşrefoğlu Camii'nde muarriflik görevi ile ilgili sadece 1759 tarihli bir belge tespit edilebilmiştir. Bu belgeye göre muarrifler o tarihte günde 1 akçe alırlarken aynı zamanda arazi-yi mevkûfenin tevliyetini de yürütüyorlardı[97].

Muarrif, camilerde veya tekkelerde hayır sahiplerinin adlarını hayır ile anan müezzin ve dervişlere denir[98].

h. Ferraşlar:

Eşrefoğlu Camii'ne XVIII. yüzyılda günde yarım akçe ücret karşılığında ferraşlık görevlisi de atanmaya başlamıştır[99].

Türkiye Diyanet Vakfı İslam Ansiklopedisi'nde ferraşlık şöyle tarif ediliyor: "Halife ve sultanların yatak ve halılarını seren, çadırlarını kuran kişi; camii, medrese gibi vakıf eserlerinin temizlik işleriyle uğraşan görevli."

Arapça da ferş (firaş) masdarından türetilmiş bir kelimedir. Abbasiler, Gazneliler, Selçuklular ve Memlükler gibi İslam devletlerinde bu görevi yapanlara ferrâşûn (ferrâşân) denilirken, Osmanlılar'da ise ferraş kelimesi saray hizmetlisi dışında çeşitli vakıf eserlerinin temizliğiyle ilgilenen görevli için kullanılmıştır. Mekke ve Medine de temizleyicilik yapmayı övünç vesilesi sayanlara da ferrâşûn adı verilirdi[100].

ı. Cüzhanlar:

Beyşehir'de Sudun Ağa b. Abdullah tarafından kurulmuş olan Sudun Ağa vakfının vakfiyesinde Eşrefoğlu Camii'nde günde 6 cüz okunması şart edilmiş[101], bu şartların yerine getirilmesi için de Eşrefoğlu Camii'ne, cüzhanlık[102] görevlisi vazifelendirilmiştir.

Cüzhanların ücretleri Sudun Ağa Vakfı mahsulünden ödeniyordu[103]. Cüzhanlar XVIII. yüzyılın başlarında günde yarım akçe alırlarken, bir süre sonra 1 akçe, XVIII. yüzyılın ikinci yarısında ise 2 akçe almaya başlamışlarsa da bir süre sonra yeniden ücretleri 1 akçeye düşmüş ve XIX. yüzyıl sonuna kadar aynı ücret karşılığında çalışmışlardır[104].

Eşrefoğlu Camii'nde görev yapmış son iki cüzhandan Hafız Hasan Efendi b. Mehmet 1873 yılında bu vazife ile görevli iken daha sonra yerine Ali Efendi b. Muslu geçmiştir[105].

95   İ. Özmel, " Kayyım", **T.D.V. İslam Ansiklopedisi**, Ankara, 2002,C.25, s.107.
96   İ. Özmel, " Kayyım", **T.D.V. İslam Ansiklopedisi**, Ankara, 2002, C.25, s.108.
97   VGMA, HD, Nr.1097; vr. 20a; H. Muşmal, **A.g.m.**, s.243.
98   Z. Pakalın, **Osmanlı Tarih Deyimleri ve Terimleri Sözlüğü**, II, MEB Yay., s.552.
99   H. Muşmal, **A.g.m.**, s.243.
100   T. Yazıcı-M. İpşirli, " Ferraş", **T.D.V. İslam Ansiklopedisi**, İstanbul, 1995, C.12, s.408.
101   H. Muşmal, **A.g.m.**, s.242
102   Cüzhan: Cami, tekke ve zaviyelerde Kur'an'dan cüz okumak hizmetini yerine getirenlerdir. **Berki, İstılah**, s.10.
103   VGMA, HD, Nr.1133; vr. 81a; H. Muşmal, **A.g.m.**, s.243.
104   H. Muşmal, **A.g.m.**, s.243.
105   VGMA, HD, Nr. 539, S.152; Nr. 9/1, sr.1042; H. Muşmal, **A.g.m.**, s.243, 69. dipnot.

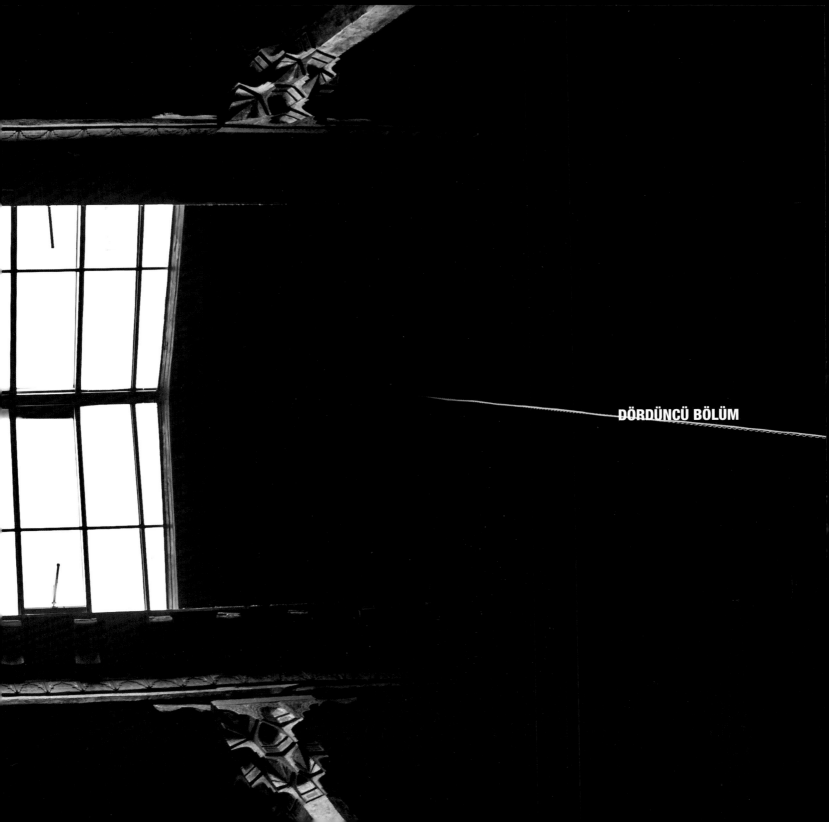

DÖRDÜNCÜ BÖLÜM

1. EŞREFOĞLU CAMİİ'NİN ÖZELLİKLERİ

1.1. Yeri ve Durumu

Eşrefoğlu Camii, Beyşehir Gölü'nün 100 m kuzeyinde, şehrin ilk kurulduğu yer olan ve hâlâ aynı isimle anılan İçerişehir Mahallesi'ndedir.

Camiyi 1296-1299 yılları arasında Eşrefoğlu Seyfeddin Süleyman Bey yaptırmıştır[106]. Caminin sütun ve kirişleri orijinalliğini korurken, 1900, 1934, 1937, 1941, 1956, 1962, 1965, 1978, 1996 yıllarında camii çeşitli onarımlar geçirmiştir[107]. 2003-2005 yılları arasındaki restitüsyon çalışmalarında sütun ve kirişlerdeki kirli tabakalar temizlenmiş, çatlak olan yerler macunla doldurulmuş, eski bir yöntem olan ve fazla kimyasal madde içermeyen "gomalak" eritilerek sütun ve kirişler verniklenmiştir.

1.2. Mimari Özellikleri

a. Caminin Dış Cephesi:

Kuzey-güney doğrultusunda uzanan cami güney cephede 31.80 m, batı cephede 46.55 m olup toplamda 1480 m² alana oturmaktadır. Dış yapı olarak Eşrefoğlu Camii'ni diğer camilerden ayıran özelliklerin başında dikdörtgen plan üzerine köşe ilave edilmek suretiyle beş cepheli oluşu gelmektedir. Beşinci cephenin inşa sebebi olarak cami yapılmadan önce bu istikamette şehrin ana yollarından birinin buradan geçmesi gösterilmiştir[108]. Dolayısıyla yol bozulmayıp cami yola uydurulmuştur. Bu çarpık cephe caminin kuzeydoğu köşesinden başlayıp taç kapı portaline kadar 13,50 m'dir. Buraya taç kapı yerleştirilmiş, portalin hemen bitişiğine minare yapılmış, minareden sonra ise duvar içeri doğru kırılarak söz konusu cephe toplam 24,20 m uzunluğa çıkarılmıştır. Çarpık cephe, kesme taşlardan diğer cepheler ise pencerelerin alt ve üst kısımlarına hatıllar atılmak suretiyle moloz taşlardan yapılmıştır. Caminin üstü; 1941 yılına kadar düz toprak dam iken 1941'de kiremitle, 1956 ve 1978'de ise bakırla, 2004 yılında da bu bakır tabaka da kaldırılarak kurşunla kaplanmıştır. Çatının kurşunla kaplanmasından sonra yaz aylarında cami aşırı derecede sıcak olmaya başlamıştır. Bu durumun camideki ahşap yapıya zarar verdiğini düşünüyoruz. Cami 35 pencere ile aydınlatılmaktadır.

35 adet pencerenin camii cephelerine göre dağılımı şöyledir:

Doğu Cephesi	Batı Cephesi	Güney Cephesi	Kuzey Doğu Cephesi (çarpık cephe)
6 adet üst pencere	13 adet üst pencere 1 adet alt pencere (alt pencere kuzey köşeye 3.14 m mesafededir.)	6 adet üst pencere 4 adet orta pencere 2 adet iç pencere. Orijinal çift kanatlı ahşap olan bu cephedeki pencerelerin 7 tanesi vitraylıdır.	2 adet üst pencere 1 adet alt pencere

b. Taç Kapı (Ana Giriş Kapısı):

Devrinin birçok yapısında bulunan klasikleşmiş Selçuklu taç kapı geleneği Eşrefoğlu Camii'nde de kendine özgü şekliyle uygulanmıştır. Çarpık cephe dediğimiz kuzey doğu cephesinde, minareye bitişik vaziyette yapılmış olan taç kapıya 5 basamakla inilerek ulaşılmaktadır. 0,95 m dışarı çıkıntı yapmış kütlesiyle 7,05 m genişlik, 10,10 m yüksekliğiyle Beylikler döneminin anıtsal portalleri arasında yer almaktadır. Daha çok çiçek ve yaprak kabartmalı bitkisel süslemelerin yer aldığı portalin mukarnas dolgulu kavsarası, yan mihrabiyeleri ve süslemeli bordürleri muhteşem bir görüntü arz etmektedir. Portal cephesi, birbirinden farklı genişlikte beş bordürle çevrili olup bu bordürler 0,70 m yükseklikteki bir kaide ve bu kaide üzerinde 0,40 m'lik sade gri bir taş sırası üzerinde yükselir. Kapı söveleri ve yuvarlak kemer, zıvanalı 17 adet beyaz ve gri taşlarla örülmüş, kemerin bağlantı taşına kabartmalı bir buket çiçek, iki köşe taşına da yine kabartmalı rûmî yapraklar yerleştirilmiştir. İçteki son bordür 0,35 m çapında, 2,80 m yükseklikteki sütunceler üzerinde yükselerek kavsarayı kuşatmış durumdadır.

106   İ.H. Konyalı, **Abideleri ve Kitabeleriyle Beyşehir Tarihi**, Erzurum, 1991, s.223-225; Y. Akyurt, "Beyşehri Kitabeleri ve Eşrefoğlu Camii ve Türbesi", **Türk Tarih, Arkeologya ve Etnografya Dergisi**, 1940, Sayı:4, s.103; F. Sarre, **Küçükasya Seyahati**, 1895 yazı, (Çev.: Dârâ Çolakoğlu), Pera Yayınları, 155,156; **Anadolu Uygarlıkları, Görsel Anadolu Tarihi Ansiklopedisi**, C.1, s.665; M. Akok, "Konya Beyşehri'ndeki Eşrefoğlu Camii ve Türbesi", **Türk Etnografya Dergisi**, Sayı: XV, Ankara, 1976, s.5; Y. Erdemir, **Beyşehir Eşrefoğlu Süleyman Bey Camii ve Külliyesi**, Beyşehir, 1999, s.17.

107   Y. Erdemir, **A.g.e.**, s.19; B. Alperen, **Beyşehir ve Tarihi**, Konya, 2001, s.85.

108   Y. Edemir, **A.g.e.**, s.20; B. Alperen, **A.g.e.**, s.84; İ.H. Konyalı, **A.g.e.**, s.217; İ. Unutulmaz, "Beyşehir'de Ahşap Direkli Eşrefoğlu Süleyman Bey Camisi", **Tarih ve Toplum Dergisi**, 8/47 (1987), s.32.

Fotoğraf: Reha BİLİR

Taç kapı kemerinin üstünde 0,30 x 4,20 m ebadında dört parçadan oluşan mermerden yapılmış kitabe üzerinde, iki satır halinde Arapça sülüs hattıyla şunlar yazılıdır[109].

Birinci satır:

١- وقف عامر المسجد المباركة الأمير العادل الخير سيف الدين سليمان بن أشرف تقبل الله منه ماخان البزازية والحوانيت اللتي حوله وحول المسجد الجامع والحمام الكبيرة وعشرين بابا «مر جميع الامر» والطواحين المذكورة وهي طاحونة افيس عينين و طاحونة كالوبار عينين و طاحونة سلمن عينين

İkinci satır:

٢- والفرن بابين والحاصل من جميع هذه الأملاك اثنا عشر والف درهم وشرط الواقف المذكور خمس جميع منابع المذكورة للتولية أولاده وهما الأعز المقبل محمد بك واشرف بك بطنا بعد بطنٍ وقفاً صحيحاً شرعياً فمن بدله بعد ما سمعه فانما اثمه علي الذين يبدلونه وذلك في تاريخ سنه وتسعين وستمائه .

109   İ.H. Konyalı, **A.g.e.**, s.220-223; Y.Akyurt, **A.g.m.**, s.112,113

İ. Hakkı Konyalı'ya göre kitabe iyi Arapça bilmeyen biri tarafından hazırlanmıştır. Arap dili kurallarına uymayan yazım hatalarından bazıları şunlardır.

Birinci satırdaki hatalar:

(المسجد) Kelimesi müzekker olduğu için sıfatı olan ikinci kelime (المباركة) (المبارك) olmalıdır.

(خان) Kelimesi müennes olduğu için (حوله) (حولها) olmalıdır.

(الحمام) Kelimesi müzekker olduğuna göre sonraki vasfı (اكبير) ve (عينين) (عينان) kelimelerine atfen (عشرين بابا) yerine (عشرين بيتًا) yazılmalıydı.

İkinci satırdaki hatalar:

(بابان) Kelimesi (بابين) olmalıdır.

(للتولية أولاده) Kelimesi (لتولية اولاده) şeklinde yazılmalıydı.

Ayrıca çok zor okunan değirmen isimlerinden

(سلمن) (سلمس) Olmalı "Kıreli'ne bağlı Selmen köyü"[110]

(كالوبار) (قالوبار) Olmalı "Bozkır'a bağlı Kalu köyü"[111]

(احبس) (افيس) Olabilir. "Akşehir'e bağlı Çemenli Köyü yakınlarında Efis Köyü vardır. (Efisağıl da denir)"[112]

Kitabenin Türkçesi ise şöyledir:

Birinci satır:

"Bu mübarek mescidi yapan adaletli ve hayırlı bir emir Eşrefoğlu Süleyman Allah kabul etsin Bezziye hanını[113], bu hanın ve büyük mescidin etrafındaki dükkânları, büyük hamamı, vakfiyesinde belirttiği 20 evi ve yine vakfiyede anılan ikişer gözlü Efis, Kalu ve Selmen değirmenlerini vakfetmiştir."

İkinci satır:

"Bütün bu emlakın gelirleri rakamla on iki bin dirhem (gümüş para)'dir. Vakıf bu kaynaklardan gelenin beşte birini evladına mütevellilik olarak şart etmiştir. Evladı da büyük izzet ve devlet sahipleri Mehmet ve Eşref Beyler'dir. Bunlar ve evladı kuşaktan kuşağa mütevelli olacaklardır. Bu vakıf doğrudur ve şer'a uygundur. Bunu işittikten sonra kim ki bu şartları değiştirirse günahı onların boynuna olsun. Bu vakıf H. 696 yılında yapılmıştır."

Kitabenin sonundaki H.696 yılı M.1296 yılına tekabül etmektedir.

Çift kanatlı ahşap kapıya ulaşmadan önce 3,22 m genişlik ve 2,70 m derinliğinde bir koridor oluşturulmuş, bu koridorun yanlarına ise birer mihrabiye oyularak beşer sıralı mukarnaslarla doldurulmuştur.

---

110   İ.H.Konyalı, **A.g.e.**, s.222.
111   İ.H.Konyalı, **A.g.e.**, s.222; Fatih ve Kanuni Devirlerine ait il yazıcı defterlerinden.
112   İ.H.Konyalı, **A.g.e.**, s.222; İstanbul Başvekalet Arşivinde kayıtlı İl Yazıcı Defteri, s.408.
113   Bezziye Hanı: İplikçi ve dokumacı hanı; Y. Erdemir, **A.g.e.**, s.25; Y.Akyurt, **A.g.m.**, s.113.

Fotoğraf: Seyit KONYALI

Ana kavsara ise on üç sıra hâlindeki mukarnas hücreleriyle tanzim edilmiştir. Alttaki sıraya küçük, ortadakine büyük olmak üzere üç kabara, yanlarda ise karşılıklı birer gülbezek ile ikişer kabara yerleştirilmiştir. Kavsaranın köşelerine 0,50 m çapında hafifçe içeri doğru kavisli ve bitkisel bezemeli iki rozet ve bu rozetlerin aynısından kavsara ile kitabe panosu arasına da yine iki rozet daha konmuştur.

Ana girişteki ceviz ağacından yapılmış çift kanatlı ahşap kapının her bir kanadı 1,10 m en ve 3,10 m yüksekliğe sahiptir. Kapı zıvanalı, oyma, çatma ve geçmeli olarak kündekâri tekniğiyle yapılmıştır. İki kanadın alt ve üst bölümlerine yerleştirilmiş 0.22 x 0.70 ölçülerindeki süsleme ve kitabe panoları göze çarpmaktadır. Alttakiler süsleme panosu olup üstteki kitabe panosuna ise sülüs yazı ile Zümer suresinin 73. ayeti yazılmıştır.

Sağ kanatta:

وسيق الذين اتقوا ربهم الى الجنة زمراً حتى اذا جاؤها وفتحت

Sol kanatta:

ابوابها و قال لهم خزنتها سلام عليكم طبتم فادخلوها خالدين

Ayet-i Kerime'nin Türkçe anlamı şöyledir:

"Rablerine karşı gelmekten sakınanlar da grup grup cennete sevk edilirler. Cennete vardıklarında oranın kapıları açılır ve cennet bekçileri onlara şöyle der: 'Size selam olsun! Tertemiz oldunuz.' Haydi, ebedi kalmak üzere buraya girin."[114]

Daha önce de belirtildiği gibi caminin bu kitabeleri 1996'da çalınmış, Danimarka'da oldukları tespit edilerek 2000 yılında Türkiye'ye getirilmiş, önce Ankara'daki Anadolu Medeniyetler Müzesi'nde sergilenmiş, ardından da Konya Sahip Ata Müzesi'ne getirilmiştir.

Kapının arka yüzü düz, sade iken, ön cephenin iskelet kısmı geçmeli olarak tasarlanmıştır. Orta bölümüne ise çatmalı olarak yatay ve dikey parçalar monte edilmiş, arkadan da enine kalın kuşaklarla desteklenmiştir. Kitabeler çalındıktan sonra, çiçeklerle bezeli tunç kabaralar (kapı tokmakları) da hırsızlığa karşı 1996 yılında yerlerinden sökülerek koruma altına alınmıştır; ancak daha sonra camiye alarm sistemi takıldıktan sonra 2004 yılında bu kabaralar yeniden yerlerine aktarılmıştır.

---

114   **Kur'an-ı Kerim Meali**, Zümer: 73, Diyanet İşleri Başkanlığı Yayınları, Ankara, 2006.

Kapı binisinin ortasında dilimli bir gülbezek ve buradan süsleme ve kitabe panolarına doğru hafifçe genişleyen gövdesi birbiriyle kesişip ayrılan dal ve yapraklarla bezenmiş, içleri ise balık pulları ile doldurulmuştur. Sol kanattaki bininin ortasındaki gülbezek rozetinin hemen üstünde kapıları yapan

ustanın adı (عمل عيسى = amel-i İsa) dikkati çekmektedir.

2004 yılındaki restorasyonda kapıdaki oynayan parçalar sıkıştırılmış, eksik olan parçalar tamamlanmıştır.

Camiinin portal ve kapısındaki onarımlara değinecek olursak, şunları söylememiz mümkündür:

Portalin kavsara kısmındaki mukarnaslar dökülme tehlikesi ile karşı karşıya olduğundan 1950'li yılların sonunda bu kapının cami cemaatiyle ziyaretçilere kapalı tutulduğu görülmektedir[115].

1996 yılına gelindiğinde portalin onarımı yapılmamış olmasına rağmen aynı yıl içinde kitabeleri çalınan kapılar geç de olsa içeri alınarak yerine küçük yeni bir kapı takılmış ve üstüne de saçak konularak giriş ve çıkışlarda tehlike arz eden durum biraz olsun önlenebilmiştir[116]. Böylece yaklaşık 40 yıldır kapalı tutulan kapı, bu suretle cami cemaati ve ziyaretçilere açılabilmiştir. Bu süre zarfında camii ibadete açık kalmış, sadece bu kapı kapatılmıştır. Diğer iki tahliye kapılarının kullanımına ise devam edilmiştir.

Portalin kavsarasındaki mukarnaslar ancak 2003 yılında restore edilebilmiştir.

2004 yılında ise 1996 yılında takılan kapılar sökülerek yerlerine orijinal kapının bire bir aynısı Avrupa meşesinden yaptırılıp monte edilmiştir.

Kapıyı yapan usta Konyalı Ahmet Yılçay'dır. Ahmet usta yeni kapı binisinin üstüne ise eski kapıdan esinlenerek "عمل احمد" (amel-i Ahmed) yazmış, ortadaki gülbezeğin hemen altına da, " H. ١٤٢٥ " = 1425 yılını kaydetmiştir. Bu yeni kapının bütün masrafları Beyşehir'in medar-ı iftiharı, hayırsever iş adamı Ali Akkanat tarafından karşılanmıştır.

c. Çarpık Cephe:

Beşinci cephe olarak bilinen bu çarpık cephe toplam 24,20 m uzunluğundadır. Portalin doğusunda kalan uzantısı ise 13,50 m'dir. Caminin sadece bu cephesi muntazam kesme taşlarla örülüdür.

Boyları 0.80 ile 1,25 m, yükseklikleri ise 0,30 ile 0,35 m arasında değişen bu taşlar, kenarlarda düz ve profilli silmelerle çerçevelenmiştir. Bu cepheye altta bir üstte iki pencere açılmış, cephe duvarının üstüne ise belirli aralıklarla kale burçlarını andıran 13 adet dendan taşları sıralanmıştır.

Duvardan 0,10 m dışarı çıkıntı yaparak alt kısma açılan dikdörtgen pencere üç bordürle çevrilidir. Bu bordürlerin dışta olanı 0,15 m genişlikte olup zencirek motifi ile süslüdür. Ortadaki 0,22 m genişlikteki ana bordüre ise üç kollu yıldızlar kazınmış, bordür tabanda içeri doğru meyletmekte, içteki son bordür de 0,10 m genişlikte olup yine içeri doğru bükülerek son bulmaktadır.

Pencereyi çerçeveleyen mermer ile bordürler arasında yükselen, gövdeleri zikzak desenli iki süs sütuncuğu yer alır. Sütuncuklar üzerine oturan hafifletme kemerinin içi ve dışı zikzaklıdır. Kemer ile pencere arasında kalan alın, dal kıvrımları ve yaprak motifleriyle bezelidir. Kemerin köşelerine daireler içine alınmış yıldız oymalı kabaralar yerleştirilmiştir. 2,50 m eninde ve 3,56 m yüksekliğindeki bu pencerenin üstündeki mermer kitabeye dönemin nesih hattı ile şu Hadis-i şerif yazılmıştır:

قال النبي صلى الله عليه وسلم من بنى الله مسجداً ولو بمفحص قطاة بنى الله له بيتاً في الجنة

Anlamı ise şöyledir:

"Peygamber, Allah(c.c)'ın salat ve selamı üzerine olsun buyurdu ki, kim Allah için bağırtlak kuşunun yuvası kadar bile bir mescit yapsa Allah ona cennette bir ev yapar." [117]

Çarpık duvar, taç kapı portalinin hemen sağ tarafına bitişik olan minare kaidesinden 0,90 m daha içeriye girintili olarak aynı doğrultuda 6 m daha devam etmektedir. Burası da kesme taşlarla örülü olup 1,10 m kalınlıktadır.

---

115   İ.H. Konyalı, **A.g.e.,** s.219
116   Y. Erdemir, **A.g.e.,** s.12
117   İ.H. Konyalı, **A.g.e.,** s.218; Y. Akyurt, **A.g.m.,** s.114.

Cephede iki açıklık göze çarpar. Bunlardan minare tarafındaki açıklık kapı, duvar ucundaki açıklık ise penceredir. Kapı 3,22 m yüksekliğiyle 0,10 m çıkıntı yaparak dikdörtgen bir çerçeve içinde yer alır. Duvar ucunda 1,18 m genişliğindeki mermer söveli dikdörtgen pencere ise iki kademelidir. Bu pencerenin üstünde sivri kemerli; ama daha küçük bir tahfif penceresi vardır.

Bu cephe ile caminin kuzey duvarı arasındaki üçgenimsi boşluk kütüphane olarak kullanılmıştır[118].

Beyşehir'in eski müftülerinden Ömer Tekin, 1945 yılında neşrettiği küçük kitabında söz konusu bu kütüphaneyle ilgili olarak şu bilgilere yer verilmiştir:

"Halk ağzında dolaşan rivayete göre burası bir kütüphane imiş. Bu rivayet doğru olduğuna göre selâtin-padişahlar-kütüphanesiydi. Burada ne kadar kıymetli kitaplar, eserler, teşkilat ve idareye ait ve memleketin kuruluş ve tarihine ait kim bilir ne kıymetli vesikalar vardı. Bu kitaplar ve bu eserler nereye nakledilmiş ve kimlerin eline düşmüştü? Osmanlı hükümetinin teessüsünden sonra İstanbul'a nakledilmiş olduğuna (bir) zahib bulunuyordu, 500-600 senelik bu muamma 4-5 ay evvel halledilmiş bulunuyor? Şöyle ki: Sabık müftü Recep Efendi'nin vereseleri mumaileyhe ait evini Manastırlı bir pekmezciye satıyor. Evde mevcut eşya ve sair malları taksim edilmiş ise de binlerce eseri haiz kütüphanesine el sürülmüyor. Yalnız, veresenin kitap zannettikleri Kara Davut, Baba Dağı, Ahmediyye ve Muhammediye gibi Yazıcıoğlulları'na ait eserler alınmış geri kalan kitapları yeni ev sahibi evine kir ve leke teşkil ettiğine kani olarak arabalarla Beyşehir kanalına döktürmüştür ve bu esnada kapçıklarından istifade ve oyuncak yapmak için okul çocukları tarafından kurtarılan kitaplardan bir kısmı elimize geçmiştir. Bu kitaplardan anlaşılıyor ki adı geçen zaviyenin kütüphane yeri olduğu canlanmıştır. Demek kütüphane bakımsızlığı yüzünden çökmüş, içinde bulunan çok kıymetli eserler camii ve kasabaya ait tarihi vesikalar ve yazma kitaplar müftülere teslim edilmiş; en son müftü Recep Efendi'ye devredilmiş olduğu anlaşılıyor. Fakat bu keyfiyet ancak müftülerce malum imiş. Halk ve gençlik bundan habersiz bulunuyordu. Yukarda da arz edildiği veçhile Recep Efendi'nin vefatı ile diğer mallarını alıp çekilen verese; dünya hazinelerine değer bu kitapları ve vesikaları toz toprak içinde bırakıp çekiliyorlar. 700 sene toz toprak içinde kendini koruyan bu eserler; sayın okuyucular size teessürle araz ediyorum. Bu kanala dökülüyor?

Yalnız mektep çocuklarının kurtardığı kitaplardan 670 tarihinde Eşrefoğlu Süleyman Bey Kütüphanesi'ne vakfedilmiş ve el ile yazılmış Keşşaf Tefsiri ve Beyşehir ulemasına ait bazı eserler ve risaleler elimize düşmüştür."

Konu ile ilgili İ. Hakkı Konyalı da şunları dile getirmiştir[119]:

"Burasının eskiden kütüphane olarak kullanıldığı olmuştur. Subaşı Medresesi yıkıldıktan sonra kitapları buraya getirilmişti. Sonra bakımsızlıktan tavanı kalbura dönmüş, kitaplar Beyşehir'in eski müftülerinden birisinin evine taşınmıştır. Sonra da binanın damı ve duvarları yıkılmıştır. Şimdi burası bir arsa halindedir."

d. Kuzey Cephe:

Çarpık cephenin portalden sonraki ikinci bölümü durumundaki kütüphane cephesinin arkasına denk gelen kuzey cephe duvarı, minare kaidesinin arkasından başlayıp 15 m devam ederek batı duvarıyla dikine birleşir. Cephe moloz taşlarla örülüdür. Duvar kalınlığı ise 1,33 m'dir. Yapıdaki hiçbir pencerenin bulunmadığı tek cephe burasıdır.

e. Batı Cephe:

Moloz taşlarla örülü batı cephe duvarının uzunluğu 46,50 m'dir. Bu cephe altta 1, üstte ise üçü bey mahfilinde olmak üzere 13 pencere ile yapının en çok penceresi olan cephesidir. Cepheye bey kapısı olarak da bilinen bir tali kapının açıldığı ve güney cepheye 10,50 m kala bey mahfilinden dolayı yüksek tutulduğu dikkat çekmektedir. Tali kapı, kuzey duvarına 25,80 m mesafedir. Kesme taşlarla örülü bu kapı, taç kapıya göre sade olsa da işlemelidir. 3,05 m genişlik ve 3,70 m yükseklikte, yüzeyden 7 cm dışarı taşan cephesi iki bordürle kuşatılmıştır. 0,14 m genişlikteki dış bordür sadedir. 0,32 m genişlikteki iç bordür ise yan yana eşit aralıklarla dilimli palmetler sıralanarak cephe gösterişli hale getirilmiştir. Basık kemeri üçü beyaz, ikisi koyu, ikisi açık gri toplam 7 taşla örülmüş, yanlarına da birer gülbezek işlenmiştir. Kemerin üstüne 0,26 x 1,87 m ölçülerinde mermer bir kitabe konmuştur. Kitabedeki Hadis-i şerifin metni şöyledir:

---

118   Ö. Tekin-R. Bilginer, **Beyşehir ve Eşrefoğulları**, Eskişehir, 1945, s.32; İ.H. Konyalı, **A.g.e.**, s.224; Y. Akyurt, **A.g.m.**, s.104.
119   İ.H. Konyalı, **A.g.e.**, s.224.

قال النبى عايه السلام من علق قنديلا ڧ المسجد صلى عليه سبعون الف الف ملك حتى ينكسر
ذلك القنديل ومن بسط فيه حصيراً صلى عليه سبعون الف ملك حتى يقطع ذلك الحصير صدق
رسول الله.

Türkçe anlamı:

"Nebi Aleyhisselam buyurdular ki; her kim mescide bir kandil asarsa o kandil kırılıncaya kadar kendisine yetmiş bin melek dua eder. Her kim mescide bir hasır sererse o hasır kopuncaya kadar kendisine yetmiş bin melek dua eder. Allah'ın Resûlü doğru buyurdu."

Zamanla yıprandığı için 0,82 x 2,30 m ölçüsündeki eski kapı kanatlarında da tıpkı taç kapıda olduğu gibi 2004 yılında yenileme sırasında değişiklik yapılmıştır. Dış cephedeki bu çift kanatlı kapıdan sonra 1,15 m'lik duvar kalınlığının arkasına orijinalinde olmadığı halde, iç cephe ile aynı hizada bir çift kanat daha eklenerek iki kapı arasındaki boşluk kapatılmıştır. Bey mahfiline yakın olması nedeniyle beylerin ve sultanların çoğunlukla bu kapıyı kullandıkları, bundan dolayı da kapıya bey kapısı, sultan kapısı dendiği söylenebilir.

f. Güney Cephe:

Caminin bu cephesi 31,80 m uzunluğundadır. Caminin güney batı köşesine kurulmuş 9,50 x 4,80 m ölçüsündeki bey mahfilinden dolayı, batıdaki 10,50 m'lik kısım gibi güneyde de 5,90 m uzunluktaki kısım yüksek tutulmuştur. İçeride mihraba açılan nişten dolayı dışarıda cephe ortasına, mihrabın karşısına gelecek şekilde 0,40 m kalınlıkta 7,37 m devam eden destek duvarı vurulmuştur. Cephedeki 12 pencerenin 3'ü batı cephede olduğu gibi bey mahfiline, 3'ü bey mahfili ile mihrap arasına, 1'i mihrap üstüne, 5'i de doğu köşesi ile mihrap arasına açılmıştır. Bu cephe de moloz taşlarla örülmüştür.

g. Doğu Cephe:

Duvar kalınlığı 1,15 m olan doğu cephenin toplam uzunluğu 28,00 m'dir. Diğer cepheler gibi burası da moloz taşlarla örülmüştür. Güney köşeden kuzeye doğru, 1,05 m genişlik ve 1,98 m yüksekliğinde basık kemerli bir tali kapı açılmıştır. Batıdaki tahliye kapısının karşısındaki bu kapının etrafı 0,40 m genişliktedir. Taş pervaz ile çevrilen kapı oldukça sade tutulmuştur. Bu kapıda da, batı cephesinde olduğu gibi, duvar boşluğunun iç cephesine 2004 yılında çift kanatlı bir ahşap kapı takılmıştır.

Bu kapının üstünde, bugüne kadar tespit edilememiş orijinal ahşap çerçeve içine alınmış bir kitabe bulduk. Yüzeyindeki kir tabakasını temizlediğimizde kırmızı zemin üzerine yazılı bu kitabedeki metnin, Hicr suresinin son ayetinin olduğunu tespit ettik.

Ortaya çıkardığımız bu kitabedeki söz konusu Ayet-i Kerime şöyledir:

قال الله تعالى واعبد ربك حتى يأتيك اليقين.

Türkçe anlamı: "Sana ölüm gelinceye kadar Rabbine ibadet et."

Kapıdan 3 m sonra türbeye ulaşılmaktadır.

Türbede harime açılan bir duvar ve büyük bir pencere vardır. Duvar türbeden sonra 8,20 m daha devam ederek çarpık cephe ile birleşmektedir. Bu cepheye ise tamamı üstte olmak üzere 6 pencere daha açılmıştır. Burada dikkat çeken hususu Y. Erdemir şöyle açıklamaktadır:

"Çarpık köşenin 1,90 m yakınında bir künk vardır. 0,15 m çapındaki tuğla künkler parçalar halinde iç içe girerek duvar içinden yukarıya doğru 1,70 m kadar devam etmekte, zeminde ise daralarak 0,10 m'ye inmektedir. Duvarın taş örgüsü arasına yer yer tuğla parçaları serpiştirilmiştir."[120]

Erdemir, bu künklerin niçin yapıldığı hakkında maalesef bilgi vermemiştir.

Bu camide göreve başladığımız 1999 yılı sonlarında bu künkler hâlâ açıkta idi. Birkaç yıl sonra da kapatıldı. Bu künklerle ilgili herhangi bir belge bulamadık. Ancak halk arasında cami ısıtması için yapıldığı şeklinde bir rivayet vardır. Eşrefoğlu hamamından başlayıp yer altından bu künkler camiye getirilmiş, hamamdaki sıcak su kışın camiye verilmek suretiyle ısıtma sağlanmıştır. Bu rivayet zayıf olmakla birlikte ihtimal dâhilindedir. Fakat bizce eğer bu künkler zeminden yukarı 1,70 m'de kalmayıp çatıya kadar devam etseydi çatıdaki eriyen kar ve yağmur sularının tahliye borusu şeklinde düşünülebilirdi. Belki de eskiden çatıya kadar devam ediyordu. Önceki restorasyonların birinde, çatı sistemine geçildiği için üstteki künkler kaldırılmış olabilir.

h. Minare:

Minare taç kapının hemen sağına bitişiktir. Tek şerefelidir ve 87 basamağı bulunmaktadır. Minarenin kaide kısmının uzunluğu 3,62 m, yüksekliği ise 7,50 m'dir. Buradan sonra çıkıntılı bir silme ile pabuç kısmına geçilir. Gri, beyaz ve kırmızı taşlarla kaplı olan pabuç köşelerde ikişer, yanlarda ise altlı üstlü altışar üçgene bölünmüş durumdadır. Tuğlalarla örülü gövdesi yukarı doğru yükselmektedir. Sade yapılmış şerefeden sonraki petek iyice incelerek bir külah ve alemle son bulur.

ı. Sebil:

Portalin sağı ile minare kaidesinin alt hizası arasına yerleştirilmiştir. Bu su tesisi içi boş bir antik lahittir. 0,80 m derinliğinde ve 2 m uzunluğundaki geç Roma dönemine ait mermer lahitin içi su deposu olarak kullanılırken altına biri tahliye amaçlı, üstüne de depoya su doldurmak maksadıyla 0,40 m çapında iki delik açılmıştır. Bu su haznesi, cami içindeki kar deposundan kar almak suretiyle yaz aylarında soğuk su içmeye imkân tanırken, Ramazan ayında ise şerbet ikramına kaynaklık etmiştir. Üstteki mermer kemerin önündeki sütuncelerin alt ve üstleri zar şekilli kaidelerle süslenmiştir. Lahidin ön yüzünde bir sehpa ve taburede oturan iki insan figürü tasvir edilmiştir.[121] Sağdaki figür, sağ eli havada işaret parmağı ile öğrencisine ders anlatan bir hocayı, soldakinde ise kollarını üst üste atıp dizleri üstüne koyan ve öne eğilerek hocasını dinleyen bir öğrenci resmedilmiştir.

Bu sebilin benzerini Konya Sahip Ata Camii portalinde de görüyoruz.

Eşrefoğlu Camii'ne gelen ziyaretçilerin lahit ile ilgili iki soruya burada cevap vermek isabetli olacaktır. Bu soruların ilki, insan figürlü lahitten dolayı "Acaba camii kiliseden mi dönüştürülmüştür?" şeklindedir. İkincisi ise "Müslümanlara ait olmayan bu lahitin camide ne işi vardır?" Öncelikle,

120   Y. Erdemir, **A.g.e.**, s.31
121   Y. Erdemir, **A.g.e.**, s.32; G. Öney, "Anadolu Selçuklu Mimarisinde Antik Devir Malzemesi", **Anadolu (Anatolia)**, Sayı. XII, Ankara, 1970, s.25.

Eşrefoğlu Camii kesinlikle kiliseden dönüştürülmüş bir yapı değildir; başından beri camii olarak inşa edilmiş ve günümüze kadar da cami olarak kullanılmıştır. İkinci sorunun cevabına gelince: Bu uygulama yer yer Selçuklu ve Osmanlı'da da görülür. Daha önce Roma hâkimiyeti altında kalan Beyşehir ve yöresinde bulunan bu lahit, tarihi esere saygı açısından koruma amacıyla buraya yerleştirilerek sebil haline getirilmiştir. Burada İslam dininin ve milletimizin hoşgörüsü dikkatlerden kaçmamalıdır.

Eşrefoğlu Camii'ndeki bu sebil ile ilgili bir de rivayet bulunmaktadır. Cami inşa edilirken burası sebil olarak düşünülmüş; ancak Osmanlı döneminde herkes aynı tastan su içtiği için hastalığa yol açınca, ülke genelindeki bu sebiller yasaklanmıştır. Altındaki tahliye deliği kapatılarak sadaka taşına çevrilmiştir.

1.3. Caminin İçi

Eşrefoğlu Camii'nin en ilgi çekici yanı, içidir. Dışta taş işçiliği, çarpık cephe ve minaredeki tuğla göze çarparken, içte ahşap, çinicilik, kalem süslemeleri, sırlı tuğla, bey (sultan) mahfili, müezzin mahfili, çilehane, iç avlu (karlık), itikaf mahalleri, çinili geçit (iç kapı), dehlizler, alçı, kündekâri tekniği ile yapılmış minber, kargir kubbe gibi birçok özellik göze çarpar. Eşrefoğlu Camii bu kadar özelliğin bir arada bulunduğu tek eserdir.

Harim, kıble duvarına altı sıra halinde yerleştirilmiş sütunlarla yedi sahına ayrılırken tavanı, ahşap kirişler üstündedir ve düz toprak damla örtülmüştür.

a. Son Cemaat mahalli:

Son cemaat mahalli ilk defa beylikler döneminde kullanılmaya başlanmıştır. Namaza hazırlık ya da vaktinde cemaatle namaza yetişemeyenler için ayrılmış bölümdür. Camii içinde ve dışında olmak üzere iki tip son cemaat mahalli vardır. Camii dışında olanlar, ana mekânın haricindeki avluda, camiye bitişik ve yarı açık, çoğunlukla revaklarla dizili yapılmıştır. Camii içinde olanlar ise caminin ana kapısından içeri girilince ikinci bir kapı daha varsa bu iki kapı arasına tasarlanmıştır. Buranın üstü kapalıdır ve kuzey duvarına paralel uzanır. Eşrefoğlu Camii'nin son cemaat mahalli ikinci şekildedir.

Taç kapı ile iç geçit kapı arasında kuzey-batı yönünde uzanan 5,20 x 14,50 m ölçüsünde yerden de 50 cm yükseklikte yapılan koridor Eşrefoğlu Camii'nin son cemaat mahallidir. 1995 yılında bu koridorun son kısmı, batı duvarına 3,50 m kala ahşapla bölünerek depoya ayrılmıştır. Tabanı ahşapla kaplı, tavanı silindirik kirişlerle örtülü son cemaat mahallini ana mekândan iç geçide bitişik iki akslık taş, üç akslık geometrik işlemeli ahşap parmaklıklar ve bu parmaklıklardan yarım akslık yine taş duvar ayırır. Yarım akslık bu kargir duvara harime açılan dikdörtgen çift kapılı bir kitaplık dolabı yerleştirilmiş, minareye çıkış ise taç kapı ile son cemaat mahalli arasından verilmiştir.

b. Bayanlar sermahfili:

Son cemaat mahallinin üstü bayanlar için tahsis edilmiş durumdadır. Taç kapının hemen solundan bayanlar mahfiline geçilmektedir. Merdivenlerinin çok dik ve zaman içerisinde eskimesi nedeniyle yıllardır kullanılmayan 11 basamaklı bu merdiven 2004 yılında restore edilerek 17 basamaklı hâle getirilmiş ve mahfile çıkışta kolaylık sağlanmıştır. Merdivenin orijinal basamakları yeni basamakların altında görülebilmektedir. Mahfilin önündeki 0,58 m yükseklikteki korkuluklar dört köşeli ve altıgen yıldızlardan oluşan geometrik geçmeler şeklinde düzenlenmiştir.

Bayanlar mahfilinin zemin döşemesi, aynı zamanda son cemaat mahallinin tavan örtüsünü teşkil eder.

Namaz kılarken erkekler tarafından bayanların görünmemesi için takılmış olan perdeler çirkin bir görüntü arz ettiğinden 2009 yılı Ramazan ayından önce kaldırılıp yerlerine portatif, camideki motiflere de uyumlu ahşap parmaklıklar takılmıştır.

c. İç kapı:

Taç kapıdan sonra karşımıza çıkan bu ikinci kapıya çinili kapı da denir. Kapıdan ziyade bir iç geçit mahiyetindedir. Bu şekilde anıtsal görünüşlü mozaik çinilerle kaplı ikinci bir kapı şeklinde yapılmış başka bir yapıya rastlanmamıştır. Kapı, bu özelliğiyle Türk çinicilik sanatının nadide örneklerindendir.

Harime geçişin sağlandığı bu iç geçidin bütün yüzeyi Selçuklu üslubuyla, patlıcan moru ve firuze çinilerle kaplıdır. Sivri kemerli açıklığın yüksekliği 2,45 m, genişliği 1,53 m, kalınlığı 0,43 m'dir ve etrafı çeşitli desende bordürlerle kuşatılmıştır. Sivri kemerin 9 cm genişlikteki bordürüne, bir ters bir düz küçük palmetler, üçgenimsi köşeliklerinde ise çarkıfelek görünümlü altı kollu küçük yıldızlar yerleştirilmiştir. 0,21 m genişlikteki iç bordürün oyma-kabartma dilimli içleri patlıcan moru ve firuze renkli çinilerle doldurulmuştur. Kemer altındaki tuğlaların yüzeylerine ise zikzaklar oluşturarak aynı renkte çiniler kakılmıştır.

Kapıyı çerçeveleyen 0,30 m genişlikteki dış bordür karşılıklı ve yan yana sıralanmış çokgenlerden oluşurken içleri yine patlıcan moru ve firuze çinilerle bezenmiştir.

Çinili iç geçidin yıpranmış olan yerlerinden bir kısmı 2004 yılında restore edilmiştir.

Kapının üstünde caminin yapılış tarihini belgeleyen tek satırlık ikinci bir kitabe dikkat çeker. 0,38 x 2,20 m ölçüsündeki Selçuklu sülüsü ile yazılmış kitabenin harfleri patlıcan moru çinilerle, zemini ise alçı üzerine firuze renkli rumi çinilerle kaplıdır.

Kitabenin Arapça metni şöyledir.

عمر هذا المسجد الجامع المبارك الامير الخير سف الدولة والدين سليمان بن اشرف سنة تسع وتسعين وستماية.

Türkçe anlamı:

"Bu mübarek mescidi, camii din ve devletin kılıcı hayırlı emir Eşrefoğlu Süleyman H. 699 yılında yaptırdı."[122]

Taç kapıda yer alan birinci kitabedeki H. 696-M. 1296 yılı, camii inşasının başlangıç tarihini, çinili kapıdaki bu ikinci kitabedeki H. 699-M. 1299 ise caminin bitiriliş tarihini göstermektedir. Buna göre caminin yapımı üç yıl sürmüştür.

Çinili kapının sağ tarafındaki 1,60 m ve sol tarafındaki 0,36 m genişlikteki duvar parçalarının yüzeylerine küçük tuğlalar yerleştirilmiş, bu tuğlaların zikzaklı olan kısımları 4x4 cm kare biçiminde oyularak içleri firuze ve patlıcan moru rengindeki çinilerle doldurulmuştur.

---

122   İ.H. Konyalı, **A.g.e.**, s.225; Y. Akyurt, **A.g.m.**, s.114.

d. Yer mahfili:

Çinili kapıdan harime geçince hemen solda çarpık duvara bitişik 0,60 m yüksekliğinde bir kargir seki bulunmaktadır. Yer mahfili de denen bu sekiye üç basamakla çıkılmaktadır. Seki, 0,60 m yükseklikte olup sade ahşap parmaklıklarla çevrilidir. Ön kısmı 8,30 m uzunluğundadır. Genişliği ise 4,70 m'den başlayıp çarpıklıktan dolayı duvara 2 m kala daralmaya başlar ve ön saf hizasında sıfıra kadar daralır. İleride bahsedeceğimiz Osmanlı döneminde eklenen caminin ortasındaki müezzin mahfili yapılıncaya kadar bu sekinin müezzin mahfili olarak kullanıldığına dair görüşler vardır.

Bugün sekinin üzerinde bulunan imam odası ise 1996 yılında yapılmıştır. Üst kısım ise bu tarihten itibaren yeni müezzinlik olarak tanzim edilmiştir.

e. Direkler ve Tavan örtüsü:

Eşrefoğlu Camii'nin mihrap önü kubbesi dışında kalan tavan örtüsü duvarlarla desteklenmiştir. İçte kuzey-güney doğrultusunda, altı sıradan oluşan ve üçü Osmanlı döneminde ilave edilmiş 42 direkle son cemaat mahallindeki birbirine bitişik beş çift direğine taşıtılmıştır. Direk köşeleri üstten pahlanmış, profilli silmelerle daireye dönüştürülmüş, kare planlı taş kaidelere oturtulmuştur. Toplamda 70 cm yükseklikteki kaidelerin 40 cm'si zemin altında temele doğru inerken, 30 cm'si zemin üstündedir.

Tamamı sedir ağacından olan 42 adet direğin 22 tanesi sekizgen, 1 tanesi ongen, 19 tanesi ise yuvarlak gövdelidir ve dizilişleri karışıktır. Zeminden tavan kaplamasına kadar caminin yüksekliği 8,50 m iken, direklerin yüksekliği 7,50 m, çapları ise 0,40 m ile 0,45 m arasında değişmektedir.

Sütun başlıkları mihraptakilerin tersine aşağıdan yukarıya doğru çakılmış olan mukarnaslardan meydana gelirken içleri kırmızı, mavi, krem renkli ince kalem işleriyle süslenmiştir. Sütunlar üstte taşıyıcı ana kirişlere bağlanarak camiyi sıralı yedi sahına ayırmıştır. Sahınların genişliği doğudan batıya doğru 3,75 m, 3,60 m, 3,65 m, 4,80 m, 3,55 m, 3,63 m, 3,75 m'dir. Dikkat edilirse orta sahın 4,80 m genişliğiyle Selçuklu ulu cami geleneğine uygun tarzdadır. Yine bu geleneğe göre orta sahın diğer sahınlara göre daha yüksektir.

Direklerin dizilişi

Birinci sıra	Çarpık duvardan dolayı	6 adet
İkinci sıra		7 adet
Üçüncü sıra	1'i Osmanlı döneminde ilave	7 adet
Dördüncü sıra	2'si Osmanlı döneminde ilave	8 adet
Beşinci sıra		7 adet
Altıncı sıra		7 adet
Toplam		42 adet

Sütun başlıklarının üstündeki kavisli yastıkların uç tarafları inceltilerek profillendirilmiş, yüzeyleri ise yeşil, kırmızı, mavi ve sarı renkteki kıvrım dal ve rumi yapraklarla süslenmiştir. Tavanı taşıyan ana kirişler iki kirişin yan yana birleşmesiyle oluşturulmuş, aralardaki boşlukları gizlemek için alt ve yan yüzler ince tahtalarla kapatılmıştır. Duvar kenarlarındaki yan sahınları örten tali kirişler ise dışarıya doğru biraz alçalarak sıralanırken, içten ikinci sahındaki kirişlerin uçlarına yüzeyleri bitkisel motiflerle süslenmiş lambirkenler çakılmıştır.

Camideki tali kirişleri üzerinde taşıyan ana kiriş sayısı 98'dir. Ana kirişlerin alt ve yan yüzleri tahta levhalarla kaplandığı için görünmemektedir.

Tali kirişler

Birinci sahın üstü	45 kiriş
İkinci sahın üstü	55 kiriş
Üçüncü sahın üstü	52 kiriş
Dördüncü (orta) sahın üstü	27 kiriş (orijinali 43 kiriş)
Beşinci sahın üstü	52 kiriş
Altıncı sahın üstü	51 kiriş
Yedinci sahın üstü	60 kiriş
Toplam	342 kiriş

Orta Sahın Karlık Üstü Aydınlatma Fenerinin Eski Durumu (Vakıflar Genel Müdürlüğü Arşivinden)

Orta sahındaki karlığın üzerinde bulunan aydınlatma fenerinin eski bir fotoğrafta kuzey ve güney yönlerinde birer bölümün daha açık olduğu görülmektedir. A. Kızıltan'ın hazırladığı caminin tavan planında iki bölümde de kirişlerin olduğu dikkat çekmektedir. Zaten Y. Önge'nin şu tespiti, Kızıltan'ın bu çizimini doğrular mahiyettedir: "Orta sahının kirişlemesi, yapılan tamirler sonunda maalesef çok değişmiştir."[123] Bu eski fotoğraf muhtemelen Kızıltan'ın plan çiziminden sonra çekilmiştir.

1965 yılındaki onarımda Kızıltan'ın çizimindeki kirişlerin olduğu bölümlerle karlık üstündeki aydınlık fenerinin olduğu üç bölüm biraz yükseltilerek kiriş yerleri tahtalarla kaplanmıştır. Dolayısıyla orta sahındaki orijinalinde 43 olan kiriş sayısı 27'ye düşmüştür.

Sahınlar dışında camideki kirişlerin dağılımı

Mihrap önü kubbesinden doğu duvarına doğru	20 kiriş
Mihrap önü kubbesinden batı duvarına doğru	10 kiriş
Bayanlar sermahfili üstü	36 kiriş
Son cemaat mahalli üstü	31 kiriş
Bey mahfili altı	18 kiriş
Toplam	115 kiriş

---

123   Y. Önge, Anadolu'da XIII. XIV. Yüzyılın Nakışlı Ahşap Camilerinden Bir Örnek: "Beyşehir Köşk Köyü Mescidi", **Vakıflar Dergisi**, Sayı: IX, s.294.

Camideki toplam tali kiriş sayısı: 342 + 115 = 457 adet

Ana kiriş ve tali kirişlerin toplamı: 457 + 98 = 555 adet

Çapları 0,25 m ile 0,30 m arasında değişen kirişler de tıpkı sütunlar gibi sedir ağacından yapılmıştır. Sütun ve kirişlerin tamamı orijinal olup üstteki tavan tahtaları 1965 yılında yenilenmiştir.

Caminin orta sahın tavanında Davut yıldızı olarak da bilinen birbirine bitişik 7 adet altı kollu yıldız mukarnaslar dikkat çekicidir.

f. Çatı sistemi:

Orijinalinde düz toprak damla örtülü olarak inşa edilen caminin mihrap önü kubbesi, orta sahın, karlık üstü ve bey mahfili üstü daha yüksek yapılmış; ancak dama biriken kar ve yağmur sularının cami içine akması nedeniyle 1941 yılında çatı sistemine geçilmiş ve cami üstü kiremitlenmiştir[124]. Daha sonra kiremit çatı da yetersiz kaldığından, 1956 yılında çatı tamamen bakırla kaplanmıştır. 1978'de bu bakır kaplama yenilenmiş, 2004 yılında ise bakır kaplama da sökülerek çatı bütünüyle kurşunla örtülmüştür. Son kaplamada 50 tonun üzerinde kurşun kullanılmıştır.

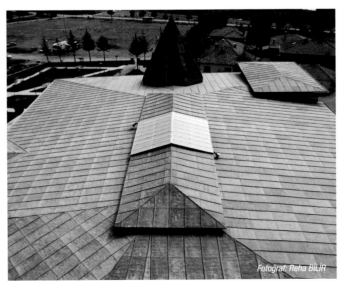

Fotoğraf: Reha BİLİR

---

124   İ. Unutulmaz, "Beyşehir'de Ahşap Direkli Eşrefoğlu Süleyman Bey Camisi", **Tarih ve Toplum Dergisi**, S:47 (1987), s.34; B. Eyüboğlu, **Dünden Bugüne Beyşehir**, Beyşehir, 1979, s.47.

g. Ahşap üzerine yapılmış boyalı tezyinat:

Selçuklu döneminin süsleme tekniği hakkında önemli bilgiler veren XIII. yüzyılın en zengin ve orijinal boyalı tezyinatı Eşrefoğlu Camii'nde görülür. Renk ve kompozisyon itibariyle bu tarz tezyinatın en gelişmiş örneğidir.

Camideki en yoğun kalemişi süslemeleri orta sahının konsol aralarındadır. Sütun başlıklarındaki mukarnaslarda, ana kirişleri kapatan tahta levhalarda, tali kirişlerin uçlarına çakılmış lambirkenlerin yüzeylerinde, bey mahfili ve müezzin mahfilinde de kalemişi süslemeler görülür.

Sütun başlıklarındaki mukarnas parçaları kırmızı çizgilerle sınırlandırılmış, bunların içlerine ince birer siyah çizgi daha çekilmiştir. Sade bırakılan hücrelerin içleri genellikle tek renktedir ve koyu kırmızıya boyanmıştır. Sade olmayan hücrelerde ise mavi zemin üstüne krem renkli palmet ve rumi yapraklar çizilmiştir. Bütün sütun başlıklarında uygulama aynı olmakla birlikte motiflerde yer yer farklılıklar söz konusudur. Konsol aralarındaki motifler aynı olmayıp değişik kompozisyonlar hâlinde sıralanırken en fazla kullanılan motif; geometrik geçmeli, çoğunlukla merkezde uzanan çok kollu (8,10,12) yıldızlardır. Bu motiflerdeki hâkim renk kırmızıdır. Nadir de olsa 4 yahut 24 kollu yıldız motiflere de rastlanır.

Eşrefoğlu Camii'nde 2003-2005 yılları arasında yapılan en son restütasyon çalışmasında sütun ve kirişlerdeki kir tabakaları temizlenip buralar verniklenmiş ve kalemişi süslemelerinden orijinallerine dokunulmamış, tamamen kaybolmuş ya da kaybolmak üzere olanların üzerlerinden geçilmiştir. Ancak bazı sanat tarihçileri bu restütasyonun, orijinaline sadık kalınarak yapılmadığı, renklerinin tutturulamayıp bazı motiflerinin de hayali olduğu görüşündedirler.

Bu son restütasyonda 5., 6. ve 7. sahınların bazı tali kiriş aralarındaki ana kirişlerin tahta levhalarla kaplı olan yüzlerindeki kir tabakaları temizlendiğinde önceden görülmeyen Arapça "El-Mülkü Lillah" (Mülk Allah'ındır) yazısı belirginlik kazanmış ve ilk defa tarafımızdan tespit edilerek kopya edilerek Vakıflar Bölge Müdürlüğüne bildirilmiş ve kurul onayıyla üzerlerinden gidilerek açığa çıkarılmıştır.

Bu yazılar diğer sahınlarda da var mıydı bilemiyoruz. Bize göre vardı; ancak çatı sistemine geçilmeden önce dama biriken kar ve yağmur sularının cami içine aktığı dönemlerde bazı motiflerle birlikte bu yazıların da tamamen silindiğini tahmin ediyoruz. Burada dikkatimizi çeken bir başka husus da şudur: Orta sahındaki motiflerin birçoğunun orijinal kalışı, 5., 6. ve 7. sahınlardaki kalemişi süslemeleriyle bu yazıların tekrar tespit edilebilecek kadar dayanıklı oluşu, 1., 2. ve 3. sahınlarda ise birçok motifle yazılardan hiçbir izin kalmayışı, ilk üç sahının daha fazla su aldığını göstermektedir.

h. Güvenlik kameraları ve yangın alarm sistemi:

713 yıllık Eşrefoğlu Camii'ne önlem amacıyla alarm ve güvenlik kameraları takılması, ayrıca ahşap olması nedeniyle yangın alarm sisteminin kurulması kaçınılmaz olmuştur. Konu ilk defa 2004 yılında tarafımızdan gündeme getirilmiştir. Aynı yıl sadece normal alarm sistemi takılırken kamera ve yangın alarm sistemi için büyük uğraşlar verilmiştir. Nihayet 2008 yılı Ekim ayında Vakıflar Bölge Müdürlüğü tarafından 8'i cami dışında, 16'sı da içinde olmak üzere toplam 24 adet gece görüşlü kameralar takılmıştır. Aynı zamanda 20 tanesi ısıya, 42 tanesi dumana duyarlı toplam 62 adet detektörden oluşan yangın alarm sistemi kurulmuştur.

ı. Kar deposu:

Ana mekânın tam ortasında yer alan bu boşluk hakkında üç görüş vardır.

Birinci Görüş: Burası Selçuklu geleneğinde süregelen dış avlu yerine, yapı içerisinde yer alan sembolik bir avludur[125].

İkinci Görüş: Burası su ihtiyacı için doldurulan bir sarnıç olarak düşünülmüştür. Ancak bu görüş ihtimal dâhilinde değildir. Çünkü Beyşehir gölüne 100 m mesafede bulunan camide böyle bir ihtiyaçtan söz edilemez[126].

Üçüncü Görüş: Cami ortasındaki bu boşluk bir kar deposudur[127].

Bu üçüncü görüş hakkında somut bir bilgiye ulaşamadık. Ancak orman mühendisleri ile görüşmelerimiz neticesinde şöyle bir kanaate ulaştık. Bilindiği kadarıyla cami inşasında kullanılan sedir ağaçları Torosların uzantısı olan Anamas dağı ormanlarından kesilmiştir. Kesilen bu sedir ağaçları 5-6 ay ya da daha fazla bir süre Beyşehir Gölü'nde ıslatılmış ve sonra fırınlanmıştır. Karlık üstündeki aydınlık fenerinin eskiden açık olması ve kuyuya kar depo edilmesi caminin nem oranını dengelediğini düşündürmektedir. Konu ile ilgili Prof. Dr. Melih Boydak ve Dr. Mehmet Çalıkoğlu'nun birlikte yazmış oldukları Toros Sedirinin Biyolojisi ve Silvi Kültürü adlı kitabın 214. sayfasında: "Göller bölgesinin daha nemli bazı kısımlarında, ekimler dikimlere oranla daha başarılı olabilir." 221. sayfasında ise: "Güney yamaçlardaki sedir ağaçlandırmalarında önemli bir sorun, karın erken kalkması nedeniyle görülen çıplak don olayıdır" ifadelerine yer verilmiştir. Gerçi burada sedir ağaçlarının ormandaki yetişme tarzından bahsedilmektedir; fakat M.Ö. 2750 yılından bugüne gemi inşasında da uzun yıllar yaşayan sedir ağaçları kullanılmıştır[128]. Bu da bize sedir ağaçlarının kesildikten sonraki durumu hakkında bilgi vermektedir.

Daha önce de belirttiğimiz gibi 1941 yılına kadar caminin üzeri toprak dam şeklindedir[129]. Halk arasındaki rivayetlere göre bu yıla kadar dama biriken kar, karlık diye tabir edilen boşluğun üzerindeki aydınlık fenerinin olduğu kısımdan bu boşluğa kürünürmüş. Üstten yarım m boşluk kalıncaya kadar basılarak depo edilen karın üstü hasır serilmek suretiyle samanla doldurulur, böylece hem caminin aşırı derecede soğuk olması önlenir hem de karın erimeden yaza kadar muhafaza edilmesi sağlanırmış. Ayda birkaç defa yatsı namazından sonra bu hasır yarıya kadar açılarak karın yavaş yavaş erimesi sağlanır, böylece ağaçların nem dengesi sağlanırmış. 1941 yılında caminin üstü kiremitlendikten sonra kuyuya kar küreme işi yapılamadığından yaklaşık 10 yıl kışın buz tutan Beyşehir gölünden kağnılarla yahut sırtlarında buz kütleleri getirerek insanlar camideki karlığı doldururlarmış. Ayrıca burada yaz aylarına kadar muhafaza edilen kar ya da buz, klima görevi görürken, tarlada, bahçede çalışan vatandaşların da soğuk su ihtiyacı karşılanırmış.

Biz bunlardan "yapı içerisinde yer alan sembolik bir avlu" şeklindeki birinci görüşün doğru olduğunu kabul ediyoruz. Ancak daha sonra buraya yüzyıllar boyunca kar doldurulması ve camideki sütun ve kirişlerin bozulmadan günümüze kadar ayakta kalabilmiş olması da göstermektedir ki bu, boşluğa depo edilen kar sayesinde olmuştur. Zaten 1941 yılından beri kar depo edilmediğinden ağaçlarda yer yer kuruma ve çatlamalar meydana gelmiştir. Bundan dolayı Eşrefoğlu Camii'ne iklimlendirme sistemi kurulması hususunda tarafımızdan 20.11.2009 tarihli bir dilekçe ile İlçe Müftülüğüne müracaatta bulunulmuş, İlçe Müftülüğümüz tarafından da Beyşehir Orman İşletmesi Müdürlüğüne müracaat edilmiş, Orman İşletmesi Müdürlüğümüz tarafından ise Süleyman Demirel Üniversitesi Orman Fakültesine bir yazı gönderilmek suretiyle konunun bilimsel araştırmasının yapılarak rapor edilmesi istenmiştir. Süleyman Demirel Üniversitesi Orman Fakültesinden altı kişilik bir heyet 16.10.2010 tarihinde Eşrefoğlu Camii'ne gelerek incelemede bulunmuşlardır. 31.12.2010 tarihli istenen rapor hazırlanmış ve ilgili kurumlara gönderilmiştir.

Camii cemaatinden Naci Demirat ve oğlu İbrahim, karlıkla ilgili olarak şunları anlatmışlardır:

"1963 yılı Temmuz ya da Ağustos aylarında, bir gün ikindi namazından sonra cemaatten 8-10 kişi ile birlikte camii içine giren güvercinleri kovalıyorduk. Karlığın etrafındaki korkuluklar iyice harap olduğu için kaldırılmış, korkulukların yerine dört adet sütun urganla çevrilmişti. Bu esnada Ömer Ballı adında camii cemaatinden bir kişi uçan güvercinleri kovalarken gözleri yukarıda olduğu için kar kuyusunu fark edemeyip buraya kafasının üstüne düştü. Teknoloji bugünkü gibi ileri seviyede olmadığından çaresizlik içerisinde bir merdiven bularak birkaç yanına inip adamcağızın koltuk altlarından urganla bağlayarak yukarı çekiyorduk. Tam yukarıya yaklaşıldığı esnada koltuk altında bağlı olan urgan sıyrıldı ve Ömer Efendi ikinci defa kuyuya bu kez ayakları üstüne düştü. Ayak ve bacakları kırıldı. Nihayet çıkardık; ancak ilk düşüşte kafa üstü düştüğü için beyin kanaması geçirmiş, bu olaydan 15 gün sonra ne yazık ki vefat etti. Bunun üzerine uzun süredir kullanılmayan kar deposu hem iki, iki buçuk m kadar dolduruldu hem de daraltıldı."

Naci ve İbrahim Demirat'ın karlık hakkındaki ifadelerini zaten eski resimlerde de görüyoruz. Önceleri yaklaşık 7 m iken karlığın derinliği 1965 yılında doldurularak 4,20 m'ye düşürülmüş, 5,10 x 5,20 m olan genişliği ise 3,90 x 3,20 m'ye daraltılmıştır.

Karlığın üstündeki aydınlatma feneri denilen camekânlı kısmın her iki tarafında bulunan üçer adet pencere ise tarafımdan gündeme getirilerek bugün kumanda ile açılıp kapanan bir düzeneğe kavuşturulmuş, hem caminin yazın serin olması hem de bu sayede en azından camideki sütunların ve kirişlerin sıcak yaz aylarında nem dengesini sağlaması düşünülmüştür.

125   B. Alperen, **A.g.e.**, s.93; Y. Erdemir, **A.g.e.**, s.64.
126   İ. Unutulmaz, **A.g.m.**, s.34.
127   B. Alperen, **A.g.e.**, s.93.
128   M. Boydak-M. Çalıkoğlu, **Toros Sedirinin (Cedrus Libani A. Rich) Biyolojisi ve Silvi Kültürü**, Ankara, 2008.
129   İ. Unutulmaz, **A.g.m.**, s.34.

i. Eşrefoğlu Camii'nde sedir ağacı kullanılmasının nedeni:

Büyük bir ihtimaldir ki, camideki sütun ve kirişlerin sedir ağacından yapılmasının nedeni, ağacın özel bir koku ve renge sahip olması, kolay işlenmesi, hafif, yumuşak ve çürümeye karşı dayanıklı olmasındandır[130].

Eski Mısır tapınaklarında, saraylarda, gösterişli lüks binalarda, binaların süslenmesinde, firavunlar ile devlet erkânının tabutlarında hep sedir ağaçları kullanılmıştır. Yine Finikelilerin inşa ettikleri gemiler de sedir ağacından yapılmıştır[131].

Çok eski uygarlıklardan beri kullanıla gelen ve çok dayanıklı olan bu sedir ağaçlarının bugün bile tüm ihtişamıyla ayakta duran Eşrefoğlu Camii'nde de tercih edilmesi dikkat çekmektedir.

j. Bey mahfili:

Harimin güney-batı köşesinde bulunan dikdörtgen planlı bey mahfili enine bir, boyuna iki sahınlık alan üzerine kurulmuştur. Yerden 3,95 m yükseklikteki mahfili, kuzey-güney yönünde yerleştirilen 0,35 m çapında, 2,80 m boyunda mukarnas başlıklı iki ahşap sütun ve bu sütunların üstünde bir ana kiriş ve onun da üstünde bir ucu batı duvarına basan 18 adet tali kirişler taşımaktadır.

Ana kirişin yan yüzleri kalemişi süslemeli tahta levhalarla kaplanmıştır. Alt yüzü ise kıvrımlı dal ve rumi süslemeli tahtalarla şekillendirilip çivilerle kirişe tutturulmuştur. Kirişlerin alt uçlarına da lambirkenler çakılmıştır.

130   M. Boydak-M. Çalıkoğlu, **A.g.e.**, s.11.
131   M. Boydak-M. Çalıkoğlu, **A.g.e.**, s.15-17.

Fotoğraf: Reha BİLİR

Mahfile çıkış, batı duvarına yaslanan 0,78 m yüksekliğinde geometrik şekilli tek kollu korkuluğu olan 13 basamaklı bir merdivenle sağlanır. Mahfilin ön yüzü 1,45, yanları ise 0,90 m yüksekliğindeki geometrik işlemeli ahşap parmaklıkla çevrilidir. Sivri kemerli kapının eni 1,08 m yüksekliği de 1,81 m'dir.

Mahfil 4,65 x 9,60 m ölçülerinde olup iki kademelidir. Giriş tarafı 4,30 m uzunluğunda, diğer bölümü ise 0,45 m yükseltilmiş olup 5,30 m uzunluktadır. Camideki ana mihraptan başka bey mahfilinin kıble duvarına 0,95 m genişlik, 2,20 m yükseklik ve 0,46 m derinlikte sivri kemerli ikinci bir mihrap nişi açılmıştır. Bize göre bunun nedeni, İslam dininin fıkıh literatüründe yer alan şu kuraldan dolayı olmalıdır. Eğer bir camii ya da mescitte vaktinde cemaatle namaz kılınmışsa, daha sonra bu cemaate yetişemeyenler aynı camide cemaatle namaz kılacaklarsa aynı mihrapta ikinci bir defa başka bir imamın namaz kıldırması mekruhtur[132]. Cami'nin başka bir yerinde cemaatle namaz kılabilirler. İşte fıkıhtaki bu kuraldan dolayı Seyfeddin Süleyman Bey, Eşrefoğlu Camii'nin bey mahfiline vaktinde cemaatle namaza yetişemediği zamanlar burada kendileri cemaatle namaz kılabilmek için bu mihrap nişini açtırmış olmalıdır. İslam âleminde birden fazla mihraplı camiler vardır[133].

Sultan ya da bey mahfili adıyla yapılan bu mahfiller aslında Asr-ı Saadet'te görülmeyen bir uygulamadır. Ancak ikinci halife Hz. Ömer'in camide şehit edilmesi üzerine devleti yöneten emirü'l-mümininin güvenliği için ilk defa halife Hz. Osman tarafından Medine'deki Mescid-i Nebevî'de "Maksure" olarak adlandırılan, zemini yükseltilmiş ve çevresi kuşatılmış böyle bir mahfilin yapıldığı bilinmektedir. Dört halife döneminin sona ermesiyle Emevilerin saltanat kurumunu ihdas ederek bunu hilafetle birleştirmeleri sonucu iyice güçlenen bu gelenek, daha sonraki dönemlerde hâkim olan diğer hanedanlar tarafından da, Eşrefoğlu Camii'nde olduğu gibi, sürdürülmüştür[134].

Mahfil, üçü batı duvarına üçü de kıble duvarına açılan altı pencere ile aydınlatılmaktadır. Tavanı ise camii tavanından 1,80 m daha yüksek tutulan mahfil, biri kıble duvarına bitişik, ikisi alttaki direklerin hizasında yükselen üç desteğe taşıtılmıştır. Bu desteklere, çevreleri ve araları ince tahta levhalarla kaplanarak "Bursa kemeri" şekli verilmiştir. Kemerlerin alt ve yan yüzleri ile desteklerde orijinal kalabilen ancak çok yıpranmış nakış izleri, 2003-2005 yılları arasındaki restütasyonda üzerlerinden gidilerek kaybolmadan kurtarılmıştır. Duvarlarının eskiden çinili tuğla ile kaplı olduğu bilinse de[135] söz konusu bu çinilerden bugün hiçbir iz kalmamıştır.

k. Müezzin mahfili:

Yerden yüksekliği 2,35 m, kenar uzunlukları 5,45 m olan müezzin mahfili kare bir alana oturmuştur. Mihrap önü kubbesi ile karlık arasındaki dört sütun arasına kurulan mahfil, kirişlerle, köşelerde orta sahının kıble yönündeki dört direğe, aralarda ise tali desteklerle taşınmıştır. Etrafını çeviren 0,58 m yükseklikteki korkuluklar "ajur" tekniğiyle işlenmiş[136] taşıyıcı kirişlerin alt ve yan yüzleri ise bitkisel motiflerle süslenmiştir.

Ana mekâna Osmanlı döneminde ilave edildiği mahfilin ön yüzündeki üç beyitlik kitabeden anlaşılmaktadır. Seyyid Muharrem adında bir hatta-

tın yazmış olduğu bu kitabede her beytin birinci mısraının başına dua mahiyetinde "saadet olsun" anlamında (سعادت باد) , ikincisine de yine dua mahiyetinde "mübarek olsun" anlamında (مبارك باد) diye yazılmış, ilki dört, ikincisi üç kez tekrarlanmıştır. Yan yana dizilerek bir satırdan meydana gelen farsça kitabenin metni ve Türkçesi şöyledir.

132   Vehbe Zühayli, **El-Fıkhü'l-İslami**, C.2, 163
133   Şam ve Halep'teki Emevi camileri dört mihraplı camilerdir. Bu camilerde herhangi bir mahfil yoktur. Mihrapların dördü de belli aralıklarla ana mihrapla aynı hizada kıble duvarına dizilmişlerdir. Silvan Ulu Camii ise üç mihraplıdır.
134   **T.D.V. İslam Ansiklopedisi**, C.27, s.331.
135   Y. Akyurt, **A.g.m.**, s.117.
136   Y. Erdemir, **A.g.e.**, s.118.

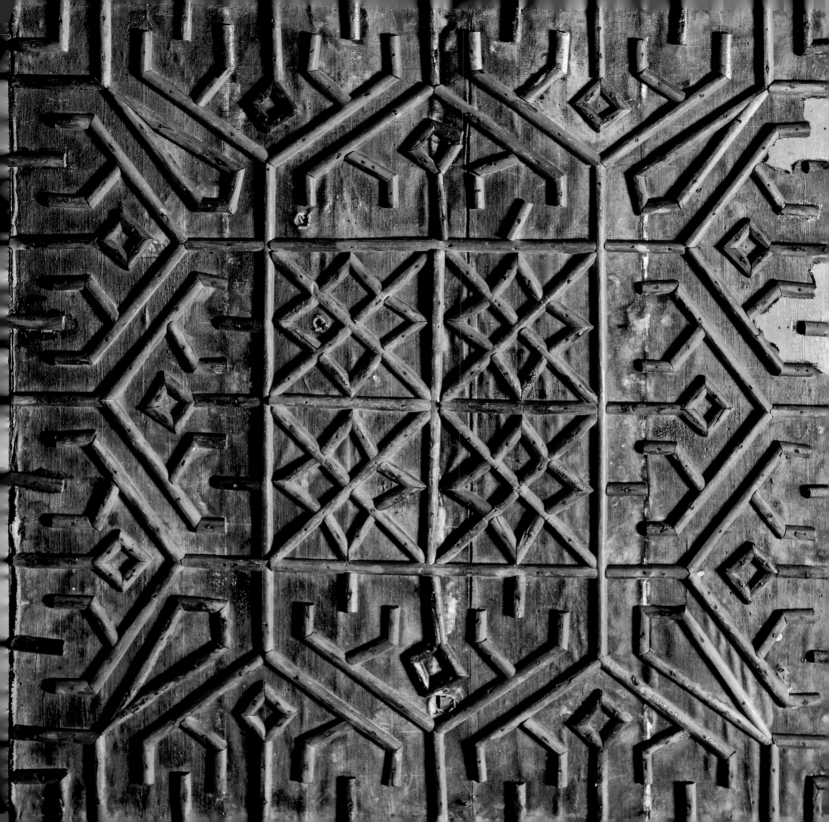

Farsça metni	Okunuşu	Bugünkü Türkçe karşılığı
1 مصطفى بك كه صاحب الخيرات	Mustafa Bey ki sâhibü'l-hayrât	Hayır sahibi Mustafa Bey'dir
2 پدريدر وزير سلطان	Pederidür vezir-i sultânî	Pederi, Sultanın veziridir.
3 جامع اجره ماه محرمده	Câmi içre mâh-i Muharrem'de	Cami içine Muharrem'de yapıldı
4 ايلدى بر مقام نورنى	Eyledi bir makâm-ı nûrânî	Nurlu bir makam yaptı
5 كوريجك دخى بن ديدم تاريخ	Görücek dahi ben dedim tarih	Görünce şöyle bir tarih söyledim
6 نه كزل محفل اتديلر أنى	Ne güzel mahfil ettiler anı	Burayı ne güzel mahfil yaptılar
7 كتبه الفقير السيد محرم	Ketebehü Es-Seyyid Muharrem	Bu kitabeyi yazan Seyyid Muharem'dir.

Kitabenin son mısraındaki "ne güzel mahfil ettiler anı" ifadesi ebcet hesabına vurulunca H. 979 / M. 1571 yılı çıkar[137].

Kitabedeki tarihe göre, müezzin mahfilinin yapılışı II. Selim'in hükümdarlığı zamanına rastlar. Sahibü'l-hayrat Mustafa Bey, tahminlere göre H. 969 / M. 1561 yılında ölen ve caminin kuzey doğu köşesindeki üstü açık türbede medfun ve ismi tespit edilemeyen bir zatın oğludur[138]. Üstüne seyyar merdivenle çıkılan mahfil, yaklaşık 20 yıldır kullanılmamaktadır.

---

137   İ.H. Konyalı, **A.g.e.**, s.228.
138   İ.H. Konyalı, **A.y.**

I. Mihrap:

Arapçada "saray, harem kısmı veya hükümdarın tahtının bulunduğu bölüm, Hristiyan azizlerinin heykel hücresi, çardak, oda, köşk, yüksekçe yer, meclisin baş tarafı, en şerefli kısmı" gibi anlamlara gelen mihrap kelimesi, zamanla camilerde imamın namaz kıldırmak için durduğu makam için kullanılır olmuştur. İslam sanatları ıstılahında cami, mescit ve namazgâhlarda kıbleyi ve imamın namaz kıldırırken duracağı yeri gösteren mimari doku olarak da tarif edilmektedir[139].

Mihrap kelimesi Kur'an-ı Kerim'de, dört ayrı surede toplam beş ayette geçmektedir: Âl-i İmran 37. ve 39.; Meryem 11., Sâd 21., Sebe 13. ayetler.

Hz. Peygamber'in mescidi olan Medine'deki Mescid-i Nebevi yapıldığında günümüzdeki mihraplardan benzer bir mihrabın bulunmadığı, sadece Hz. Peygamber'in namaz kıldırdığı yerin belli olduğu, kıble istikametine ise bir kaya parçası konulmak suretiyle kıblenin tayin edildiği bilinmektedir. Daha sonra Ömer b. Abdülaziz, Medine valiliği esnasında Mescid-i Nebevi'yi imar ettirirken (707-710) Peygamber'imizin namaz kıldırırken durduğu yere niş tarzında bir mihrap ekletmiş, burası zamanla Hz. Peygamber'in mihrabı olarak tanınmıştır. Diğer mescitler de ise İslamiyet'in ilk yıllarında kıble yönü bir kaya parçası, alçı levha ya da renkli bir çizgi ile gösterilmiştir. Girintili ilk mihrap Ömer b. Abdülaziz ve Kurre b. Şerik tarafından yaptırılmıştır[140].

Mihrap yalnızca kıble yönünü göstermek ihtiyacından değil, bir saf daha kazanmak maksadından doğmuştur. İmamın tek başına işgal ettiği bir saflık yer, duvara bir niş açılmak suretiyle tasarruf yoluna gidilmiştir. Buna göre mihrabın kilise mimarisinden doğduğu iddiası da kendiliğinden düşmektedir.

Eşrefoğlu Camii'nin mihrabı XIII. yüzyılın en başarılı mozaik çinili mihraplarındandır. Üslup bakımından Konya mihraplarına bağlanır ve Selçuklu mihrapları ile yarışabilecek seviyededir[141]. Kütlesi kıble duvarından 0,50 m dışarı doğru çıkıntı yapan ve tamamı mozaik çini ile kaplı olan bu mihrabın kenar çerçevesiyle birlikte genişliği 4,58 m, yüksekliği 6,17 m'dir. Dikdörtgen şeklindeki mihrap nişinin genişliği ise 2,01 m, derinliği ise 1,45 m'dir.

Kavsarası, aşağıdan yukarı doğru kademeli olarak daralan sekiz mukarnas sırası ile doldurulurken öğelerinin çoğunluğu, birbirinden farklı geometrik süslemelerle, bir kısmı da rumî motiflerle bezelidir[142]. Kavsaranın üçgenimsi yan yüzeyleri, girift üç kollu çarkıfeleklerden meydana gelir. Üst köşelerinde ise yüzeyden 2 cm dışa çıkıntılı, içleri yine girift rumîlerle örgülü birer yuvarlak rozet bulunur.

139   T. Erzincan, "Mihrap", **T.D.V. İslam Ansiklopedisi**, C.30, İstanbul, 2005, s.30.
140   **T.D.V. İslam Ansiklopedisi**, C.30, s.31.
141   İ. Unutulmaz, **A.g.m.**, s.34; Ş. Yetkin, **Anadolu'da Türk Çini Sanatının Gelişimi**, İstanbul, 1986, s.126.
142   Ş. Yetkin, **A.g.e.**, s.126; Y. Erdemir, **A.g.e.**, s.44.

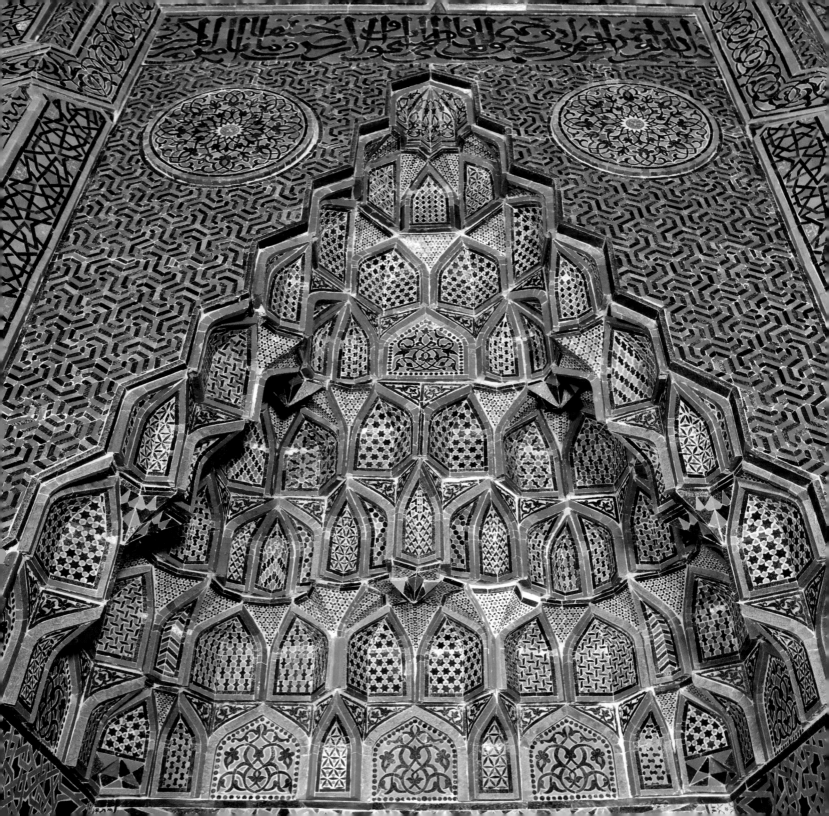

Kavsaranın hemen üstünde ise 40 cm genişlik ve 2,43 m uzunlukta tek satırlık bir kitabe yer alır. Zemini firuze, yazıları patlıcan moru renginde olan çinili kitabede En'am suresinin 79. ayeti yazılıdır:

اني وجهت وجهى للذى فطر السموات والارض حنيفاً وما أنا من المشركين

"Ben, Hakk'a yönelen birisi olarak yüzümü, gökleri ve yeri yaratana döndürdüm. Ben Allah'a ortak koşanlardan değilim."[143]

Mihrabın etrafı beş adet bordürle çevrilidir. Bunlardan en dışta kalanı, mor çinilerden sekizgen yıldızların oluşturduğu geometrik bordürdür. Ara boşluklar firuze renkli çinilerle doldurulmuş, yıldızların içleri ayrıca başka yıldızlarla süslüdür. Bu bordür, mihrabın etrafını komple dolanarak zeminde bir çerçeve yapıp nişin içine dönmektedir. Diğer bordürler zeminde bir set oluşturmakta, aynı zamanda mihrabın oturtmalığını meydana getirerek bu bordür üzerinde yükselmektedir. İkinci bordür ise 0,32 m genişlikte olup kitabe bordürü şeklindedir. Alçı zemin üzerine bordürün sağ alt kısmından başlayan ve mor renkli çinilerle yazılmış olan kitabede Âl-i İmran suresinin 38. - 41. ayetleri yer almaktadır. Yazı çerçeveyi dolanarak sol alt kısımda son bulmaktadır. Yazı dışında kalan boşluklara ise bitkisel motifli firuze renkli çiniler kesilerek alçı zemine kakılmıştır.

Kitabe metni şöyledir:

بسم الله الرحمن الرحيم قال رب هب لى من لدنك ذرية طيبة. انك سميع الدعاء. فنادته الملئكة وهو قائم يصلى فى المحراب ان الله يبشرك بيحيى مصدقاً بكلمة من الله وسيداً وحصوراً ونبياً من الصالحين. قال رب انى يكون لى غلام وقد بلغنى الكبر وامر أتى عاقر. قال كذالك الله يفعل ما يشاء. قال رب اجعل لى آية. قال ايتك الاتكلم الناس ثلثة ايام الا رمزاً واذكر ربك كثيراً وسبح بالعشى والابكار.

Burada, ayetin başındaki "Orada Zekeriya Rabbine dua etti" cümlesi atlanmıştır. Mana bütünlüğü açısından biz buraya ayetin başındaki kısmı da alıyoruz:

"Orada Zekeriya Rabbine dua etti: Rabbim! Bana katından temiz bir nesil bahşet. Şüphesiz sen duayı hakkıyla işitensin."

"Zekeriya mabette namaz kılarken melekler ona, "Allah sana, kendisinden gelen bir kelimeyi (İsa'yı) doğrulayıcı, efendi, nefsine hâkim ve Salihlerden bir peygamber olarak Yahya'yı müjdeler." diye seslendiler."

"Zekeriya, "Ey Rabbim! Bana ihtiyarlık gelip çatmış iken ve karım da kısır iken benim nasıl çocuğum olabilir?" dedi. Allah: 'Öyledir, ama Allah dilediğini yapar.' dedi."

"Zekeriya, 'Rabbim! (çocuğum olacağına dair) bana bir alamet ver' dedi. Allah da şöyle dedi: "Senin için alamet, insanlarla üç gün konuşmaman, ancak işaretleşebilmendir. Ayrıca Rabbini çok an, sabah akşam tespih et."[144]

Birbirinden ayrı olan üçüncü ve beşinci bordürler birbirine sarılmış surette tespit edilmiştir. Üçüncü bordür geometrik, beşinci bordür ise bitkisel bezemelidir. Aralarında en dar olan dördüncü bordür, bu iki bordürü birbirinden ayırırken geçmelerden dolayı yer yer kesintiye uğrar. Dikdörtgen nişin zemini firuze mavisi, geometrik şekiller ise patlıcan moru çinilerle kaplıdır. Nişin karşı cephesinin ortasındaki 24 kollu yıldızın merkezine 8 kollu yıldızdan oluşan bir kabara yerleştirilmiş, ayrıca köşelere, yarısı yan cephelerde kalan ışınlı yıldızlar yerleştirilmiştir. Bu tarz tezyinata, caminin tavan süslemelerinde ve Karatay Medresesinin çinili kubbesinde de rastlamak mümkündür[145].

Nişin köşelerindeki sekizgen kesitli sütuncelerin yüzeyleri palmetlerle, alt ve üst kısımları da zar biçimindeki başlıklı rumilerle süslüdür.

Eşrefoğlu Cami'nin mozaik çinili mihrabı o dönemden kalan çinili mihraplar içerisinde yüzde doksanına yakını orijinal olan tek mihraptır. Nişin karşı cephesindeki 24 kollu yıldızın alt kısmı define avcıları tarafından 1940'lı yıllarda patlatılmış[146] ve o tarihten beri önceleri bir halı ile daha sonra ise perdeyle kapatılarak görüntü kirliliği giderilmiştir. 2004 yılında mihrabın ufak tefek bazı kesimleri ile birlikte burası da restore edilmiş; ancak çini ile değil, boya ile çiniye benzetilmek suretiyle tamamlanmıştır.

---

143   **Kur'an-ı Kerim Meali**, D.İ.B. Yayınları, Özgün Matbaacılık, Ankara, 2006.
144   **Kur'an-ı Kerim Meali**, D.İ.B. Yayınları, Ankara, 2006.
145   B.Alperen, **A.g.e.**, s.90; Ş. Yetkin, **A.g.e.**, s.127.
146   Burayla ilgili bazı kaynaklarda çinilerin rutubetten dolayı dökülmüş olabileceğinden bahsedilmektedir. Ancak B. Eyüboğlu, **A.g.e.**, 44. sayfasında kısa da olsa bu hırsızlık olayına değinilmektedir. Cami cemaatimizden, Mustafa Tutal ve Naci Demirat, Yatsı namazından sonra sağlam olan bu bölümün sabah namazına gelindiğinde patlatılmış olduğunu gördüklerini ve herhangi bir definenin de bulunmadığını söylediler.

Beyşehir Gölü'nün bazı adalarındaki topraklar çiniye elverişli olduğundan Selçuklu Sultanı I. Alâeddin Keykubat, yaptırdığı Kûbad-âbad Sarayı'nın çinilerini sarayda hazırlatmıştır. Selçukluların dağılma sürecinde bağımsız bir beylik kuran Eşrefoğlu Beyliği'nin kurucusu ve camiyi yaptıran Seyfeddin Süleyman Bey de camii ve türbesinin çinilerini Süleymanşehir (Beyşehir)'deki bu sarayda hazırlatmıştır[147]. Kûbad-âbad Sarayı'nda yapılan ve 1980'de Ruçhan Arık tarafından başlatılıp halen devam etmekte olan kazı çalışmalarında bu çinilerin yapımında kullanılan fırınlar ortaya çıkartılmıştır.

Mihrap nişinin karşı cephesindeki kabaralı 8 kollu ve etrafındaki 24 kollu yıldız hakkında, bilimsel olmayan ve yorumdan öteye geçmeyen bazı tarihçi ve ziyaretçilerin görüşlerini çok arzu ettiklerinden dolayı burada zikretmeyi uygun buluyoruz.

1. Kabara üzerindeki 8 kollu yıldız, Selçuklu yıldızını sembolize ederken aynı zamanda cennetin 8 kapısını da çağrıştırmaktadır.

2. Işınlı ve çok kollu (24 kollu) bir yıldızdır.

3. Merkezdeki kabara Anadolu'yu, etrafındaki 24 adet merkeze yönelmiş oklar Oğuz boylarını sembolize ederken okların yönü merkeze doğru olduğundan devlete bağlılık mesajı verilmektedir. Merkezden oklara doğru süzülen 24 adet ışın demeti ise Anadolu beylikleri üzerine doğmuş bir güneş gibidir.

4. Bir gün 24 saattir; ortadaki kabara saatin merkezini, etrafındaki 24 oktan her biri saatin bir dilimini, dolayısıyla bir günü temsil etmektedir.

Her ne kadar bu görüşler bilimsel olmasa da çok beğenilmektedir.

147   İ.H. Konyalı, **A.g.e.**, s.231.

m. Mihrap önü kubbesi:

Dıştan piramit bir külahla örtülü 5,75 m çapındaki kubbeyi, ikisi mihrap duvarına bitişik ikisi ön tarafta serbest olmak üzere dört kargir[148] ayağa oturan sivri kemerler taşımaktadır. Tuğlalarla örülü kemerlerden kubbeye geçiş, yine tuğlalarla örtülü üçlü üçgenler şeklindeki pandantiflerle[149] sağlanmıştır. Bu üçgenleri birbirinden firuze mavisi üstüne mor çini bezemeli rumili şeritler ayırır.

---

148   Kargir: Tahtadan başka (taş, çimento, mermer, tuğla) gibi yapı elemanlarına denir.
149   Pandantif: (Aslan göğsü), Kıble içi geçiş elemanıdır. Üçgene benzer.

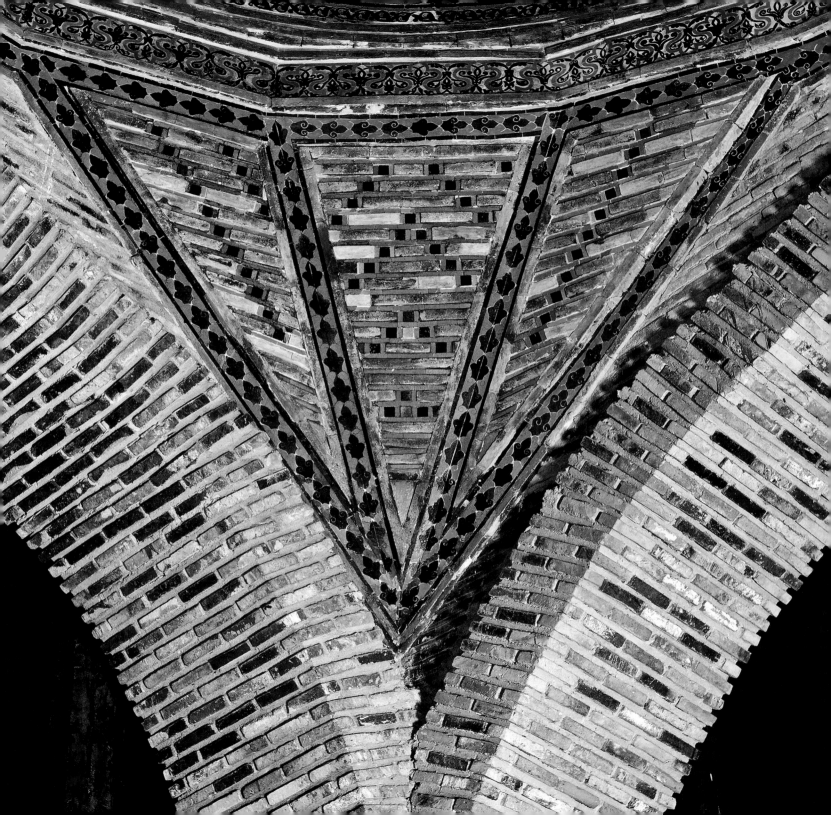

Kubbe eteğinin 0,50 m genişliğindeki kuşağına firuze üstüne yazıları patlıcan moru çinilerden oluşan Bakara suresinin 255 ve 256. ayetleri hâk edilmiştir.

بسم الله الرحمن الرحيم الله لا اله الا هو الحى القيوم لا تأخذه سنة ولا نوم له ما فى السموات وما فى الارض من ذ الذى يشفع عنده الا باذنه يعلم ما بين ايديهم وما خلفهم ولا يحيطون بشيء من علمه الا بماشاء وسع كرسيه السموات والارض ولا يؤده حفظهما وهو العلى العظيم. لا اكراه فى الدين قد تبين الرشد من الغى فمن يكفر بالطاغوت ويؤمن بالله فقد استمسك بالعروة الوثقى لا انفصام لها والله سميع عليم.

Türkçe anlamı:

"Allah, kendisinden başka hiçbir ilah olmayandır. Diridir, kayyumdur. O'nu ne bir uyuklama tutabilir, ne de bir uyku. Göklerdeki her şey, yerdeki her şey O'nundur. İzni olmaksızın O'nun katında şefaatte bulunacak kimdir? O, kulların önlerindekileri ve arkalarındakileri (yaptıklarını ve yapacaklarını) bilir. Onlar O'nun ilminden, kendisinin dilediği kadarından başka bir şey kavrayamazlar. O'nun kürsüsü, bütün gökleri ve yeri kaplayıp kuşatmıştır. (O, göklere, yere, bütün evrene hükmetmektedir.) Gökleri ve yeri koruyup gözetmek O'na güç gelmez. O, yücedir, büyüktür."

"Dinde zorlama yoktur. Çünkü doğruluk sapıklıktan iyice ayrılmıştır. O halde, kim tağutu tanımayıp Allah'a inanırsa, kopmak bilmeyen sapa sağlam bir kulpa yapışmıştır. Allah, hakkıyla işitendir, hakkıyla bilendir."[150]

Kubbe tuğlalarında renksiz ve şeffaf sır kullanılmıştır. Tuğlaların örgü aralarına tuğla yüksekliklerinin yarısı kadar derz konmuş, firuze renkli çini levhacıklarla doldurulmuştur. Yan aralarda daha geniş olan boşluklara patlıcan moru renkli kare çiniler yerleştirilmiş, etrafları ise ince firuze çinilerle kuşatılmıştır. Tepedeki yuvarlak madalyona kadar olan kavisli geniş yüzey, mozaik çini levhacıklarının zikzaklı uzantıları sayesinde baklava dilimi şeklinde kompoze edilmiştir[151]. Kubbenin tepe ortasında beş kollu bir yıldızdan oluşan madalyon tespit edilmiş, kolların arasındaki boşluklara kûfi stilde Hz. Peygamber (s.a.v.) ve dört halifenin isimleri yazılmıştır[152].

Zemin çinileri firuze, yıldız ve yazılar patlıcan moru rengindedir. Maksure kubbesi yıkılma tehlikesi ile karşı karşıya olduğundan 1900'lü yıllarda etrafına yardımcı ağaçtan direk, gergi ve payantlar konulmuştur[153]. Az bir kısmı daha önce dökülmüş olan kubbe çinileri 2004 yılındaki restorasyonda tamir edilmiştir. Dikkat edildiği zaman mihraptaki tamir görmüş yerler gibi burası da boyanarak çiniye benzetilmiştir.

n. Minber:

Eşrefoğlu Camii minberine geçmeden önce minberin anlamı ve tarihteki gelişimine kısaca değinelim. Sözlükte "yükselme, yükseltme" anlamlarına gelen minber kelimesi Arapçadaki "nebr" kökünden türetilmiştir. Kademe kademe yükselerek çıkılan yer demektir. Genelde camilerde hatibin hutbe okurken cemaate görünmek ve sesini daha iyi duyurabilmek için çıktığı basamaklı yeri, bazen de taht, kürsü, koltuk vb. unsurları ifade eder[154].

İslam tarihine bakıldığında günümüzdeki minberler gibi olmasa da minberin ilk defa, Hz. İbrahim tarafından kullanıldığı görülmektedir. Eski Ahid'de ise Ezra'nın, Musa (a.s.)'nın şeriat kitabını ahşap bir minberin üzerinde okuduğu belirtilmektedir[155].

Önceleri bir hurma kütüğüne yaslanarak konuşan Hz. Peygamber için Hicret'in 7. veya 8. yılında ılgın ağacından iki basamak ve bir oturma yerinden ibaret olan ve yaklaşık 1 m yüksekliğinde sade bir minber yapılmıştı. Hz. Peygamber vefat edip Hz. Ebu Bekir halife olunca Peygamberimiz (s.a.v.)'e hürmeten minberin ikinci basamağına, Hz. Ömer halife olunca birinci basamağına, Hz. Osman halife olunca 6 yıl birinci basamağına sonra oturma yeri olan son basamağına oturmuştur. Daha sonra Muaviye minberin yükseltilmesini isteyerek altı basamak daha ilave ettirmiştir.

İlk dönemlerde minberler tuğla ve kerpiç gibi malzemelerden yapılmıştır. Hz. Ali'nin Kûfe'de tuğla bir minber üzerinde konuştuğu rivayet edilmiştir. Abbasiler döneminde çoğunlukla ahşaptan dokuz basamaklı minberler yapılırken İslam dünyasında daha sonra basamak sayısı on yediye kadar çıkmıştır[156].

150   **Kur'an-ı Kerim Meali**, D.İ.B. Yayınları, Ankara, 2006.
151   Y. Erdemir, **A.g.e.**, s.60.
152   İ.H. Konyalı, **A.g.e.**, s.228.
153   M. Akok, **A.g.m.**, s.10,11.
154   N. Bozkurt, "Minber", **T.D.V. İslam Ansiklopedisi**, C.30, İstanbul, 2005, s.101.
155   N. Bozkurt, **A.y.**
156   N. Bozkurt, **A.y.**

Zaman içerisinde minberler bulundukları yerlerin gelenek ve sanatlarına uygun olarak ahşap ve taştan yapılır olmuş; taşçılık, neccarlık, nakkaşlık ve hattatlık gibi sanat dallarının gelişmesine katkıda bulunmuştur. Selçuklularda ahşap minberlerle tekâmülün zirvesine ulaşılırken Osmanlılar zamanında mermer ve renkli taşlardan çok değerli minberler yapılmıştır[157].

Eşrefoğlu Camii'nin minberi, tamamı ceviz ağacından "kündekâri" tekniğiyle oymalı, çatmalı olarak yapılmış, binlerce yıldız ve geometrik parçalarında da kakma ve eğri kesim tekniği uygulanmıştır. İnanılmaz bir gösterişe sahip olan 4,02 m uzunluğundaki minberin, ön yüzey genişliği 1,02 m, yüksekliği 2,70 m, kubbe külâhının tepesine kadar olan yüksekliği ise 6,02 m'dir.

Yukarıda bahsedilen kündekâri tekniğinin en karakteristik özelliği; yapılan eserin tümüne küçük küçük işlenmiş ve oyulmuş ahşap parçalarının, çivi ve tutkal yapıştırıcılar kullanılmadan birbirine geçirilmek suretiyle meydana gelmesidir.

Dokuz basamakla çıkılan minberin ön cephesindeki 0,35 x 1,45 m ölçüsündeki çift kanatlı kapıda baklava dilimi, üçgen ve beşgen geometrik parçalar göze çarparken yüzeyleri rumi dal ve yapraklarla süslüdür. Sol kanattaki kapı binisinin ortasına bir gülbezek oyulmuş uçlarına ise kesik geometrik şekiller kondurulmuştur. Kapı açıklığının yanlarındaki sütuncelerin yüzeyleri balık pulları ile doldurulmuş, zar şekilli kaide ve başlıklar gülbezeklerle şekillendirilmiştir[158]. Açıklığın yuvarlak kemeri on altı dilime ayrılmış ve her birinin içine palmetler kabartılmıştır. Kemerin köşe dolguları arasına, minberi yapan usta ismini yazarak âdeta imzasını atmıştır. Bu isim dikkatle bakıldığı zaman fark edilebilmektedir. Sağ köşede işçi ya da yapan anlamında عمل(amel-i), sol köşede ise عيسى (İsa) yazısı dikkati çekmektedir ki, "İsa'nın işidir", "İsa yaptı" demektir.

157   İ.H. Konyalı, **A.g.e.**, s.233, 234.
158   Y. Erdemir, **A.g.e.**, s.46.

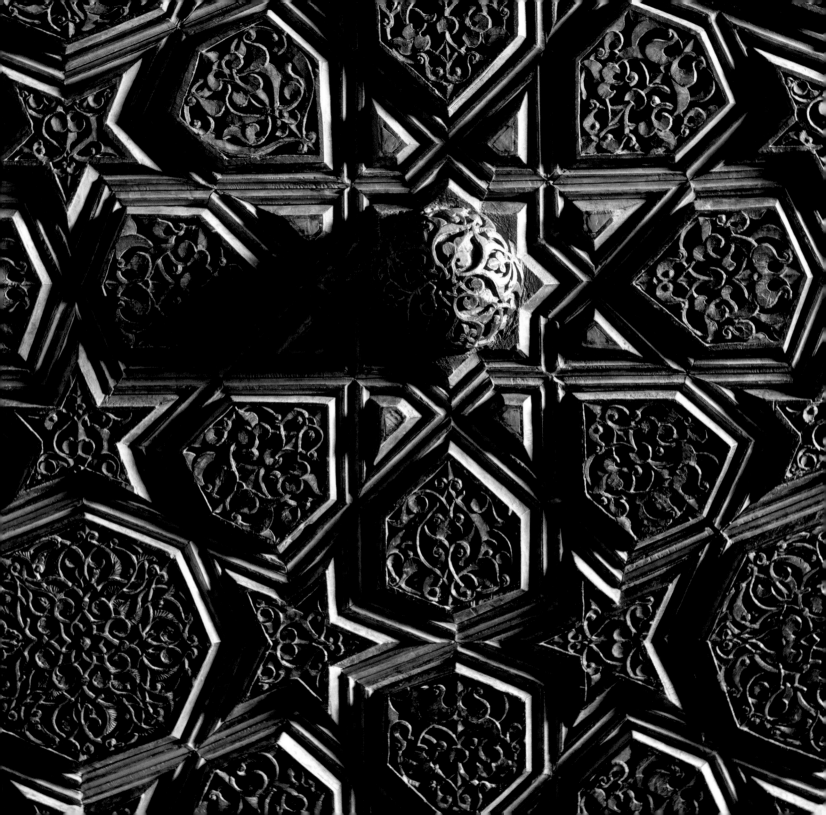

Kemerin üstünde yer alan 0,11 x 0,80 ebatlı bir kitabede ise şöyle yazmaktadır:

امر بانشاء المنبر النضد الرفيع الامير العادل سليمان بن الاشرف الزميع

"Taht gibi yüce minberin yapılmasını adaletli emir Eşrefoğlu kahraman Süleyman emretti."[159]

Kitabe üstündeki 0,80 x 0,80 m'lik kare panonun koyu zemini üstüne açık renkli ağaçlarla mâkılî hatlı Allah, Muhammed ve dört halifenin isimleri yazılıdır. Ancak erbabının okuyabildiği bu yazının anlaşılabilmesi için konuya açıklık getirmek maksadıyla şunlar söylenebilir: Panonun tam ortasındaki Allah lafzının elif harfi normal, lam ve he harfi yan çevrilip yukarı doğru yazılmıştır. Allah lafzının altındaki yazı Muhammed'dir, Ebu Bekir sol tarafa aşağıdan yukarıya doğru yazılırken en üstte yer alan yukarı doğru ters çevrilmiş yazı Ömer, Ömer ile Allah lafzı arasındaki yine ters çevrilmiş olanı Ali, sağ yan tarafta yukarıdan aşağı doğru yazılmış olanı ise Osman'dır. Eski Konya Müzesi müdürü ve aynı zamanda Sultan II. Abdülhamid'e marangozluk hocalığı yapan[160] Yusuf Akyurt, Eşrefoğlu Camii'nin minberinin sanat gücü hakkında şu ifadeleri kullanmaktadır:

"Murabba sahadaki kûfî yazının marangozluktaki çatmalarla tatbikini ilk defa olarak bu minberde gördüm. Mısır, Suriye ve İspanya'daki eserlerde görmedim. Yalnız sedef ve fileto işlerinde görülmüştür. Şu halde Selçuklular bu hususta ilk şerefi kazanmışlardır. (...) Konya Alâeddin Camii ile Aksaray'daki Camii minberlerinden sanat, imtizaç, çatı ve nefaset ciheti ile daha yüksek ve ince yapılmıştır."[161]

Kapının sağ sövesinden başlayıp üstte devam ederek sol altta biten kitabede sülüs yazı ile Bakara suresinin 255. ayeti olan ayet'el-kürsi yazılıdır[162].

92 cm yükseklikteki merdiven korkulukları dört kollu yıldızların birbirine bağlanmasıyla kare ve sekiz köşeli geometrik şekiller oluşturmuştur. Minberin mihraba bakan yan cephe ortasındaki ışın demetinin merkezine rumi bezemeli bir kabara yerleştirilmiştir. Bu kabara ile etrafındaki cepheyi dolduran yıldız ve büyük sekizgenler hakkında mihrap nişindeki kabaralı yıldızda olduğu gibi bilimsel olmasa da şöyle bir yorum yapılmaktadır:

159   İ.H. Konyalı, **A.g.e.**, s.236.
160   İ.H. Konyalı, **A.g.e.**, s.235.
161   Y. Akyurt, **A.g.m.**, s.116,117.
162   2.b.14. Mihrap önü kubbesi bölümünde aynı ayetin metin ve meali geçmektedir. Oradaki farklılık Bakara 255 ile birlikte 256. ayetin de yazılı olmasıdır.

101

Kabara güneşi sembolize ederken etrafındaki ışınlar güneş ışınlarını hatırlatmakta, büyük sekizgenler ise gezegenleri, aralardaki beş kollu birçok yıldız da gökyüzünü temsil etmektedir.

Külahın alt kısmının her iki tarafına 0,17 x 0,65 m ebatlı kitabe panosu yerleştirilmiştir.

Sağ taraftaki kitabeye:

من صعد المنبر فلا يقولون الا الصدق

"Minbere kim çıkarsa katiyen doğrudan başka bir şey söylemeyecek."

Sol taraftaki kitabeye:

اذا صعد الخطيب المنبر فلا يبلغ سامعيها الا المصدق

"Hatip minbere çıktığı zaman dinleyicilerine doğrudan (doğrulanmıştan) başka bir şey tebliğ etmesin."[163]

Burada da Arapça iki kelimede yazım hatası vardır. Şöyle ki:

سامعيها kelimesi سامعيه ; المصدق - الصدق şeklinde olmalıydı.

---

163   İ.H. Konyalı, **A.g.e.**, s.237.

o. İtikâf mahalli:

Eşrefoğlu Camii'nin kıble duvarının dört saf gerisinde, doğu ve batı duvarlarından başlayıp içeri doğru mihrap önü kubbesinin altına kadar üçer sahın genişliğince uzanan 1,40 m yükseklikteki ahşap parmaklıklarla ayrılmış olan bölüm itikâf mahallidir[164].

Bir fıkıh terimi olan itikâf; bir mescitte ibadet niyeti ile ve belirli kurallara uyarak, sıradan davranışlardan uzak durmak suretiyle inzivaya çekilmek demektir[165]. İtikâf, Kur'an ve sünnetle sabittir. Kur'an'daki: "Siz mescitlerde itikâfta iken eşlerinize yaklaşmayın" (Bakara: 187) ayeti buna delil sayılmıştır. Hadis kaynağı olarak da Peygamber Efendimizin Mekke'den Medine'ye hicretinden sonra vefat edinceye kadar her yıl Ramazan ayının son on gününde itikâfa çekilmesi gösterilmiştir[166].

İtikâf, müekked bir sünnettir[167]. İtikâfa girmek kişinin nefsini terbiye etmede, yasaklardan korunmada etkili bir ibadettir. Peygamber Efendimizin "Kadir gecesini Ramazan ayının son on gününde arayınız" hadisi mucibince bu geceye rastlama imkânı ve ihtimalini de artırır. İtikâfa giren kişi on gün boyunca mescitte kalır, iftar ve sahur yemeklerini burada yer, içer ve istirahatini yine mescitte yapar. Vaktini boş laflar konuşmaktan uzak, namaz kılarak, Kur'an okuyarak, dua, zikir ve tefekkürle geçirirken dini bilgi ve kültürünü artıracak kitaplar okuyarak değerlendirir. Sadece zaruri ihtiyaçlarını giderebilmek için mescit dışına çıkabilir. Ancak ihtiyacını giderir gidermez itikâf mahalline geri dönmelidir. Keyfi işleri için dışarı çıkamaz, çıkarsa itikâf bozulur. Bu durum vacip itikâflar için geçerlidir[168].

Fotoğraf: Reha BİLİR

Fotoğraf: Reha BİLİR

164 B. Eyüboğlu, **A.g.e.**, s.46.
165 L. Şentürk-S.Yazıcı, **Diyanet İslam İlmihali**, C.1, D.İ.B. Yayınları, Ankara, 2006, s.404; **T.D.V. İslam Ansiklopedisi**, C.23, s.457
166 Buhari, "İtikâf", 3; Müslim, "Hayız", 6; "İtikâf", 5; "Savm", 80; **T.D.V. İslam Ansiklopedisi**, C.23, s.457
167 L. Şentürk-S.Yazıcı, **Diyanet İslam İlmihali**, D.İ.B. Yayınları, Ankara, 2006, s.265.
168 **Diyanet İslam İlmihali**, s.265; **T.D.V. İslam Ansiklopedisi**, C.23, s.458.

Eşrefoğlu Camii'ndeki itikâf mahallinin yan sahınlardaki parmaklıklarının ortalarına 0,95 m eninde 1,90 m yüksekliğinde, tepe taçları sade olan "Bursa kemerli" birer kapı aralığı açılmıştır. Soldaki kapı aralığının üstünde bir de küçük bir kitabe konulmuştur. İ. Hakkı Konyalı, bu kitabenin aşağıdaki ...... şekilde boş bırakılan yerini okuyamamış, yine aşağıdaki gibi manalandırarak sadece tahmin yürütmüştür.

اد.....تكن ملكاً مطاعاً

"Namazını eda et ki itaat edilen melik olursun"[169].

Ancak araştırmamız neticesinde bu kitabenin eksik olduğunu, orijinalinin iki beyitten oluştuğunu ve asıl kitabe metninin aşağıdaki şekilde olduğunu tespit ettik. Eksik olan metinlerin camiinin eski onarımlarında kaybolduğunu düşünmekteyiz.

إِذَا مَا لَـمْ تَكُنْ مَلِكاً مُطَاعَا   فَكُنْ عَبْداً لِخَالِقِهِ مُطِيعَا

وَإِنْ لَـمْ تَمْلِكِ الدّنْيَا جَمِيعاً   كَمَا تَخْتَارُ فَاتْرُكْهَا جَمِيعَا

Kendisine itaat edilen bir melik (kral) olmadığın müddetçe (o melikin) yaratıcısına itaat eden bir kul ol.

Eğer İstediğin gibi dünyanın tümüne sahip olamıyorsan onun tamamını terk et![170]

Mahaldeki bu kapı aralıkları itikâfa giren zatların zaruri ihtiyaçlarını daha rahat giderebilmeleri için tasarlanmış olmalıdır. Şöyle ki; ihtiyacını gidermek için dışarı çıkması icap eden kişi cami ortasından geçmeyip yan sahınlardaki parmaklıklara açılan bu kapı aralıklarından geçerek duvar kenarlarından doğu ya da batı yönündeki tahliye kapılarından dışarı çıkabilmektedir.

Eski resimlerde orta sahın parmaklıklarında görülen bu kapı açıklıkları, yapılan önceki restorasyon çalışmalarında yanlışlıkla buralara takılmış olmalıdır. Bu yanlışlık sonradan fark edilerek orijinal yerleri olan yan sahınlara geri takılmıştır. Bu parmaklıklar, sütunların oturduğu kaidelerin yanlarına parmaklıkların gireceği genişlikte boşluklar açılarak sökülüp takılır şekilde yapılmıştır. Günümüzde itikâfa genellikle imam odasında ya da caminin herhangi bir yerinde girilebilmektedir.

Eşrefoğlu Camii'nde böyle büyük bir alanın itikâfa tahsis edilmesinin nedeni, muhtemelen çok sayıda kişinin itikâfa giriyor olmasıyla ilgilidir. Bu bilgiyi Beyşehir'in eski müftülerinden merhum Mehmet Çiftçi'den bizzat öğrenmiş bulunuyoruz. O da eski müftülerden ve cemaatten duyduğunu ifade etmiştir. 1933-1943 yılları arasında Eşrefoğlu Camii'nde müezzinlik yapmış merhum Mustafa Demirat'ın oğlu Naci Demirat da aynı şeyleri babasından ve yaşlılardan duyduğunu belirtmiştir.

ö. Ahşap pencereler:

Kıble duvarının ahşap alt pencerelerine içeride çift kanatlı birer kapak takılmıştır. Kasaları sedir olan pencerelerin kapakları ceviz ağacından yapılmıştır. Orijinalliğini koruyan bu kapaklar motif açısından da birbirine benzemektedir. Doğudaki pencere kanatları 0,56 x 1,86 m ölçüsündedir. Altta 0,14 x 0,33 m ebadında dikdörtgen bir süsleme panosu, üstte ise aynı ölçülerde kitabe yer almaktadır.

169   İ.H. Konyalı, **A.g.e.**, s.230.
170   Divanü't-Tuğraİ, Sayfa 67,   Kostantiniyye Matbaatü'l-Cevaib Sene 1300. (Kitabe metninin kaynağını temin eden M. Sadi ÇÖĞENLİ Hocaya teşekkür ederiz.)

Fotoğraf: Seyit KONYALI

Doğu tarafındaki pencerenin sağ kanadında:

الحبيب المال والكرم النقوى

"Mal sevimlidir, cömertlik ise takvadadır."

Doğu tarafındaki pencerenin sol kanadında ise:

الخير عادة والشّرّ الحاجة

"Hayr âdet edinmek içindir, şer âdet edinilmez."

Batıdaki pencere kanatları doğudakilerden birazcık küçüktür. Buradaki kitabenin sağ kanadında: لا اله الله وحده

Sol kanadında da: و عدين التى عنهم ومز

İbareleri yazılıdır.

Pencere kanatlarındaki bu kitabeler bir anlam bütünlüğü arz etmemektedir. Muhtemelen bu kitabeler sonraki yıllarda başka yerlerden getirilip takılmış olmalıdır. Bu kitabeler ayet ya da hadis olmayıp özlü sözlerdendir.

p. Alçı raf:

Bey mahfilinin altında batı duvarına bitişik ve yerden 1,60 m yükseklikte, 0,27 m genişlikte 7 cm kalınlıkta alçıdan bir raf yapılmıştır. 7,60 m uzunluğundaki, rumi motifler ve kabaralarla bezeli bu rafı 12 konsol taşımaktadır. Kitap konulması için tasarlanmış olan rafın böyle yüksek yapılması Kur'an-ı Kerim'in göbekten yukarıda tutulması gerektiği düşüncesiyle saygı maksatlı olmalıdır.

r. Çilehane:

Bey mahfilinin alt kısmına denk gelen, zeminden 1,85 m derinlikte 3,05 m eninde ve toplamda 9,05 m boyunda peş peşe iki hücreden ibaret olan bölüm çilehane olarak tasarlanmıştır[171]. Beş basamakla inilen çilehanenin ilk odası 4,95 m boyundadır. 3,55 m'lik ikinci odaya 1,35 m yüksekliğinde 0,65 m derinliğinde bir kapı aralığı ile geçit verilmiştir.

Fotoğraf: Reha BİLİR

171   İ.H. Konyalı, **A.g.e.**, s.229.

Fotoğraf: Reha BİLİR

Çile, "kırk" anlamına gelen Farsça çihl (جهل) kelimesinden türetilmiştir. Bir tasavvuf terimi olan çile, nefsanî arzulardan kurtularak ruh temizliğine ermek için girişilen sıkı perhiz ve mahrumiyet dönemi anlamına gelmektedir. Bazı tarikatlarda çile yerine yine "kırk" anlamında "erbain" kelimesi de kullanılmıştır[172]. Çile aynı zamanda halvet, uzlet ve inziva olarak da tabir edilir.

Çilehane ise; çile evi anlamına gelmektedir. Halvethane olarak da adlandırılır. Tasavvuf erbabının nefisi terbiye etmek maksadıyla çile doldurdukları özel hücreye denir. Çoğunlukla tekkelerin karanlık ve rutubetli odaları kullanılırken, bazen dağ başlarında ve tenha yerlerdeki mağaraların da tercih edildiği olmuştur[173].

Tasavvuf kaynakları çile uygulamasının kaynağı olarak Hz. Musa'nın vahiy almak için kırk gece, kırk gündüz Tur dağında kalarak ibadet ettiği ile ilgili Â'raf suresinin 142. ayetini delil gösterirler: "Musa'ya otuz gece süre belirledik, buna on gece daha kattık. Böylece Rabbi'nin belirlediği vakit kırk geceye tamamlandı."[174] Hz. Musa'nın kırk gün, kırk gece Tûr'da kaldığı hakkındaki bilgi Ahd-i Atik'te de geçmektedir[175].

Çile ile ilgili hadis delili ise; Ebu Eyyüb el-Ensari'nin rivayetine göre; "Kırk günü Allah için ihlas ve samimiyetle geçiren kimsenin dili hikmet pınarlarıyla beslenir." şeklindedir.

Tarikatlara göre kısmi değişiklik gösterse de çile uygulaması genel hatlarıyla söyledir:

Şeyh, dervişi çile odasına gusül abdestli olarak dua ile sokar, Fatiha okur, kapıyı kapatıp giderdi. Odada bir post yahut seccade, bir mütteka[176] ve hücrenin rafında bir Kur'an-ı Kerim bulunurdu. Derviş, bu hücreden sadece gerekli olduğu zamanlarda (tuvalet, abdest, Cuma namazı gibi) çıkardı. Dışarıda kimseye bakmaz, kimseyle konuşmazdı. Yiyeceğini, içeceğini, belirli vakitte bir derviş getirip hücreye bırakır, selamdan başka bir kelam etmezdi. Geleneklere göre, çileye girene ilk gün kırk zeytin verilirdi. Bu her gün bir eksiltilerek (39, 38, 37...) uygulanır, kırkıncı gün sadece bir zeytin vermek suretiyle son bulurdu. Yiyeceğin zeytin olması, Nûr suresinin 35. ayetinde de ifade edildiği gibi onun mübarek sayılmasından kaynaklanmaktaydı. Çileye giren kişiye yiyecek olarak genelde zeytin; ancak bazı yörelerde hurma yahut kuru üzüm verildiği de görülmekteydi.

Derviş çileden çıkınca kırk gün içindeki tefekkür ve rüyalarını şeyhine anlatırdı. Şayet şeyh, gerek görürse dervişi ikinci bir çileye sokardı. Birbiri ardınca üç çile çıkaran da olurdu. Derviş çileyi bitirip hücreden çıkınca şükür kurbanı kesilir, bu kurbanın et suyuyla hazırlanan tirit yemeği sunulur, diğer ihvan da onu tebrik ederdi. Günümüzde bu uygulama hemen hemen hiç kalmamış gibidir.[177]

Çile yukarıdaki şekilde uygulandığı gibi değişik tarikatlarda farklı şekillerde de uygulanırdı. Mesela Mevlevi tarikatında süre 1001 gün olup mutfakta hizmetle geçirilirdi[178].

s. Dehlizler:

Beyşehir'de orta yaş ve üzerindekilerin anlattıklarına göre, camideki ikinci çile odasının batı duvarında şu anda örülü olan bir kapı açıklığı vardı. Buradan cami dışına çıkan bir yolun olduğu, bu yolun ileride birkaç kola ayrıldığı ve kale dışına üç beş km devam ettiği ifade edilmektedir. Düşmanın kale yakınlarına dayandığı zamanlarda bu yer altı yollarından (dehlizlerden) çıkılarak hilal taktiği uygulandığı ve düşmanın iki ateş arasında bırakıldığı, yolların bir tanesinden de sultanın kaçırıldığı rivayetleri halen anlatılmaktadır. Hatta caminin bulunduğu İçerişehir Mahallesi'ndekilerden bazıları, bu yolların kırk elli yıl önce camiden kale kapısına kadar açık olduğunu, kendilerinin de buradan girip kale kapısı yakınlarından çıktıklarını söylemektedirler. Bu rivayetlerin doğruluğu, bedesten ile kale kapısı arasında halen 30-40 m'lik bir yer altı yolunun varlığından anlaşılmaktadır. Bu dehlizlerin iki ucu da bugün çökmüş durumdadır. Bir insanın rahatlıkla yürüyebileceği yükseklikte olan bu dehlizlerin genişliği yaklaşık 1,20 m'dir ve 3-5 m'de bir hava ve aydınlatma delikleri bulunmaktadır. Bu deliklerden sızan yağmur suları ve toprak döküntüleri tabanı balçık haline getirip doldurmuş, bundan dolayı taban bir miktar yükselmiştir.

Vakıflar Bölge Müdürlüğü ve Beyşehir Belediyesi işbirliği ile en azından bu dehlizlerin 80-100 m'lik bölümünün faaliyete geçirilmesini umut ediyoruz. Beyşehir turizmine olumlu katkılar sağlayacağı aşikâr olan bu durum bütün Beyşehirlilerin de arzusudur.

172   **T.D.V. İslam Ansiklopedisi**, C.8, s.315.
173   **T.D.V. İslam Ansiklopedisi**, C.8, s.315.
174   **Kur'an-ı Kerim Meali**, Â'raf: 142, D.İ.B. Yayınları, Ankara, 2006.
175   **T.D.V. İslam Ansiklopedisi**, C.8, s.315.
176   Müttekâ: Arapça, dayanılacak şey demektir. Tahta ve demirden yapılan müttekâ çileye giren dervişlerin uyumamak için başlarını dayadıkları bir çeşit bastondur. Buna "muin" de denir. Üst kısmı, alın dayanacak şekilde yapılmıştır. Uyumak icap edince yere yatılmaz, alın buraya dayanır ve oturma vaziyetinde uyunurdu.www.tasavvufalemi.com
177   www.tasavvufalemi.com
178   **T.D.V. İslam Ansiklopedisi**, C.8, s.316.

1.3. Camideki Diğer Unsurlar

a. Ahşap mihrap:

Eski fotoğraflarda görülen, cami ortasındaki kar deposunun yan tarafına monte edilmiş şekildeki ahşap mihrabın neden yapıldığı hususunda herhangi bir bilgiye rastlanılmamıştır. Ancak XIX. yüzyılın sonlarına doğru, orijinal çinili mihrabın çatlamış kubbe ayakları tehlike arz ettiğinden onarım görmüş, bu esnada belki birkaç yıl geçici olarak bu mihrap kullanılmıştır, denilebilir[179].

Genişliği 1,44 m, yüksekliği 2,54 m olan bu mihraba 0,15 m derinliğinde niş açılmış, kavsarası ise mukarnaslarla doldurulmuştur. Mukarnasların köşeliklerine siyah boyalı birer madalyon çizilmiştir. Üst çerçevedeki tek satırlık sülüs kitabeye Zariyat suresinin 56. ayeti yazılmıştır.

قال الله تعالى وما خلقت الجن والانس الا ليعبدون

"Ben cinleri ve insanları ancak bana kulluk etsinler diye yarattım."

Mihrabın her iki tarafında ise "Ya Hayyu, Ya Kayyum" yazısı göze çarpmaktadır. Bugün bu mihrap, son cemaat mahallinde atıl vaziyette durmaktadır.

b. Vaaz kürsüsü:

Eşrefoğlu Camii'nde 2003 yılına kadar dört adet ahşap kürsü vardı. Bunlardan bir tanesi halen camide vaaz kürsüsü olarak kullanılırken diğer üç tanesi cami deposunda kaderine terk edilmiş vaziyette durmaktaydı. Bu kürsüler Vakıflar Bölge Müdürlüğü tarafından camiden alınarak önce vakıfların bünyesinde himaye edilmiş, 2008 yılından itibaren de Konya Sahip Ata Müzesi'nde sergilenmeye başlanmıştır.

Halen camide vaaz için kullanılan ahşap kürsünün ön cephesinin üstündeki kitabede talik hattıyla şu hadis-i şerifyazılıdır:

المؤمن حى فى الدارين

"Mü'min iki dünyada da diridir, canlıdır."

Sahip Ata Müzesi'nde sergilenen kürsülerden birinde ise Türkçe bir beyit yer almaktadır: "Bu kürsî olsun eseri mübarek, muradın hâsıl itsün Hakk tebârek."

---

179   A. Kızıltan, **Anadolu Beyliklerinde Camii ve Mescitler**, İstanbul, 1958, s.40.

بو كرسى اولسون اسر مبارك مرادن حاصل اتسون حق تبارك

Camilerde genellikle bir vaaz kürsüsü bulunurken Eşrefoğlu Camii'nde acaba neden dört kürsü vardı? sorusuna verilen cevaplara bakacak olursak bu hususta üç görüşün dile getirildiğini söyleyebiliriz:

Birinci görüş, camide dört mezhebe göre de vaaz edilirdi, şeklindedir. Ancak bu görüşün geçerliliği pek mümkün değildir.

İkinci görüş, bu kürsüler zaman içerisinde devlet büyükleri, ziyaretçiler ya da hayırsever kişiler tarafından camiye hediye edilmiş olabilir.

Üçüncü görüşe göre de medresenin 1369 yılında külliyeye dâhil edilmesiyle caminin medresenin bir parçası olarak kullanılmaya başlanmasından dolayı bu kürsüler, camilerde yapılan derslerin her biri için ayrı ayrı konmuştur. Örneğin Fıkıh kürsüsü, Tefsir kürsüsü, Hadis kürsüsü, Akaid kürsüsü gibi. Böylelikle her bir kürsü için ayrı bir hocanın tahsis edildiği düşünülürse, talipler hangi dersi dinleyecek ise o kürsünün önüne oturup dersleri takip etmişlerdir, denilebilir. Din âlimlerinin kabulüne göre doğru olan görüş bu görüştür.

Fotoğraflar: Reha BİLİR

115

c. Cami Halıları

Türk ve dünya halıcılığında çok önemli bir yere sahip olan Eşrefoğlu Camii halılarının bir kısmı, 1932-1934 yıllarında buradan alınarak Konya Müzesi ile İstanbul Türk-İslam Eserleri Müzesi'ne nakledilmiştir. Renk, motif, teknik ve kompozisyon itibariyle bu halıların çoğunun XIII. yüzyıla ait olduğu tespit edilmiştir.

Bu halılar Türk halı ve dokuma sanatının gelişim seyrine ışık tutan en önemli örneklerdir[180]. Bunlardan dokuz tanesi bugün Konya Müzesi'ndedir[181]. Osmanlı dönemine ait (XV. yüzyıl) 1,80 x 1,15 m ebatlı yün kilim parçası da 30 Mayıs 1954'te Eşrefoğlu Camii'nden alınıp Mevlâna Müzesi'ne getirilmiştir ve halen burada sergilenmektedir.

Eşrefoğlu Camii'ne ait bir başka halı parçası da Londra'da Edmund de Unger'in Koleksiyonu'nda, diğer bir halı parçası ise Paris'te Jean Pozzi Koleksiyonu'ndadır. Bunların dışında Almanya, Amerika ve Mısır'da da Eşrefoğlu Camii'ne ait halı parçalarının olduğu bilinmektedir[182].

Yukarıda da belirtildiği gibi kaynaklardan elde ettiğimiz bilgilere göre 1932-1934 yıllarında Konya Müzesi ve 1954 yılında Mevlâna Müzesi'ne nakledilen kilim ve halılardan başka yine aynı yıllar içerisinde 11 tane daha halı ve kilimin varlığından söz edilmektedir[183]. İstanbul Türk-İslam Eserleri Müzesi'ne nakledilen halı ve kilimler hakkında kaynaklarda kesin bir sayı belirtilmemiştir. Belki Konya müzelerinde sergilenen 10 halı dışındaki sergilenmeyen başka halı ve kilimler de vardır ve daha sonra buraya nakledilmiştir.

İ. Hakkı Konyalı, önemli bilgiler ihtiva eden eserinde: "Cami'nin müezzin mahfilinde de birçok çürümüş halı ve kilim parçası daha vardır. Pırlanta değerindeki bu tarih yadigârları kopmuş, erimiş, güveler tarafından didik didik edilmiştir." diye bilgi vermektedir. Konyalı'nın bahsetmiş olduğu bu halı ve kilimler 1999 yılına kadar cami deposunda atıl bir vaziyette bulunmaktaydı. 1999 yılında Vakıflardan gelen üç-dört kişilik bilirkişi heyetinin gözetiminde, Beyşehir Müftülüğünün görevlendirdiği ve benim de içinde bulunduğum 6-7 imam arkadaş tarafından depodaki bütün halılar teker teker çıkartılmış ve yetmişin üzerinde tarihi değeri olan halı ve kilim parçası bilirkişi heyetince tespit edilmiştir. Bu tespitten birkaç ay sonra da bir kamyona yüklenerek vakıflar tarafından götürülmüştür. 1999 yılında götürülen bu halıların daha önce götürülen halılar kadar eski olmadığını dolayısıyla sonraki yüz yıllara ait olduğunu düşünüyoruz. Biz burada bu halılardan bazılarının fotoğraflarını sunuyoruz.

Ünlü Alman seyyah F. Sarre 1895 yılında Beyşehir'e gelerek Eşrefoğlu Camii'ni gezmiş ve halıları hakkında: "Zemini kaplayan o eski ve güzel halılardan birini maalesef satın alamadık" demiş; fakat halılar hakkında bilgi vermemiştir[184]. Halılarla ilgili ilk geniş bilgi ve tanıtım yine bir yabancı araştırmacı R. M. Riefstahl tarafından kaleme alınmıştır. Riefstahl, 1931 yılında neşrettiği eserinde Eşrefoğlu Camii'ne ait bugün için Mevlâna Müzesi'nde sergilenen kilim de dâhil 8 halının fotoğraflarına da yer vermiştir[185]. Ne acıdır ki zamanında yabancıların gösterdiği bu duyarlılığı kendi insanımız maalesef göster(e)memiştir.

d. Kandil:

Bazı kaynaklarda bakır ya da bronzdan yapıldığı hakkında görüşler beyan edilirken, son tetkiklerde pirinçten imal edildiği saptanan[186] kandil, 1942 yılında Eşrefoğlu Camii'nden alınarak önce Ankara Âsâr-ı Atika Müzesine götürülmüş, daha sonra da Ankara Etnografya Müzesi'ne nakledilmiştir. 7591 envanter numarası ile kayıt altına alınan kandil bugün aynı müzede sergilenmektedir[187].

20 cm yükseklikteki kandil kaide, gövde ve boyun olmak üzere üç kısımdan meydana gelmektedir.

Kaide: Aşağı doğru açılmış sekiz dilimden oluşan ayak kısmı gövdenin altına lehimlidir. Dilimli kaidenin dış kısmına, kandili yapan ustanın adı ve tarihi nesih hattıyla kazınmıştır.

عمل على ابن محمد النصيبينى بمدينة قونيه فى سنه تسع وتسعين وستمايه

Yazının metni şöyledir: "Amele Ali İbn-i Muhammed en-Nusaybinî bi Medînet-i Konya fî sene-i tis'a ve tis'ıyne ve sittemiye" şeklinde transkibe edilen metnin Türkçe karşılığı "H. 699 (M.1299) yılında, Konya şehrinde Nusaybinli Muhammed oğlu Ali yaptı" demektir[188].

180   Y. Erdemir, **A.g.e.**, s.76; B. Alperen, **A.g.e.**, s.96.
181   Y. Erdemir, **A.y.**
182   O. Aslanapa, **Türk Halı Sanatının Bin Yılı**, Eren Yayıncılık, İstanbul, 1987, s.23-27; B. Alperen, **A.g.e.**, s.96.
183   İ.H. Konyalı, **A.g.e.**, s.239; **Eşrefoğulları Tarihi - Beyşehir Kılavuzu**, s.55.
184   F. Sarre, **Küçükasya Seyahati**, 1895 yazı, (Çev.: Dârâ Çolakoğlu), Pera Yayınları, s.156.
185   R. M. Riefstahl, "Primitive Rugs of The 'Konya' Type in The Mosque of Beyşehir", **The Art Bulletin**, Vol. 13 (June 1931), s.177-184; Eşrefoğlu Camii halıları için ayrıca bkz.: O. Aslanapa, **A.g.e.**; Y. Erdemir, **A.g.e.**, s.76; B. Alperen, **A.g.e.**, s.96.
186   Y. Erdemir, **A.g.e.**, s.80.
187   M.Z. Oral, "Eşrefoğlu Camiine Ait Bir Kandil", **Türk Tarih Kurumu Belleten Dergisi**, C.XXIII, Sayı: 89, Ankara, (Ocak 1959), s.113-118.
188   M.Z. Oral, **A.g.m.**, s.116.

XIII. Yüzyıl

XIII. Yüzyıl

XIII. Yüzyıl

XIII. Yüzyıl

XV. Yüzyıl

XV. Yüzyıl

XVI. Yüzyıl

XVII. Yüzyıl

R.M. Riefstahl Tarafından 1931 Yılında Neşredilen Eşrefoğlu Camiine Ait Halı ve Kilim Parçaları

Kandilin tarihi hakkında Z. Oral, sayıların harflerle yazılmasından ve noktalarının konulmamış olmasından dolayı haklı olarak ikileme düşmüştür. Gerçekten sayıları gösteren harfler noktasız olduğunda Z. Oral'ın okuduğu gibi

(سبع وسبعين =77) ya da (تسع وتسعين =99) olarak okunabilir.

Dolayısıyla kandil H. 677 yılında da yapılmış olabilir, H. 699 yılında da. Eğer ki kandil H. 677 yılında yapılmışsa Camii'nin yapılış tarihi daha sonra olduğu için camiye bağışlanmış olabilir. Diğer şekilde okunduğu gibi H. 699 yılında yapılmışsa Eşrefoğlu Seyfeddin Süleyman Bey tarafından sipariş üzerine yaptırılmıştır denebilir.

Gövde: Yanlara doğru şişkin basık bir küre görünümündedir. Yüzeyi kabartma tekniği ile palmet, rumi dal ve yapraklardan oluşan bir kompozisyona sahiptir.

Gövdenin yanlarına üç adet öküz başı şeklinde kulp takılmış, boynuzlarına ise delikler açılarak buralardan bağlanmak suretiyle tavana asılması sağlanmıştır[189].

Boyun: Gövdenin üst kısmı ile birleşerek ağza doğru genişler yapıdadır. Ağız çapı 18 cm'dir. Yüzeyinde nesih hattı ile Nûr suresinin 35. ayeti yazılıdır.

الله نور السموات والارض ط مثل نوره كمشكاةٍ فيها مصباح ط المصباح فى زجاجة ط الزجاجة كانها كوكب درى يوقدمن شجرة مباركة زيتونة لا شرقية ولا غربية لا يكاد زيتها يضئ ولم تمسسه نار ط نور على نور ط يهد الله لنوره من يشاء ط ويضرب الله الا مثال للناس ط والله بكل شيئ عليم.

"Allah göklerin ve yerin nurudur. O'nun nurunun temsili şudur: Duvarda bir hücre; içinde bir kandil, kandil de bir cam fanus içinde. Fanus sanki inci gibi parlayan bir yıldız. Mübarek bir ağaçtan, ne doğuya ne de batıya ait olan zeytin ağacından tutuşturulur. Bu ağacın yağı, ateş dokunmasa bile neredeyse aydınlatacak kadar berraktır. Nur üstüne nur. Allah, dilediği kimseyi nuruna iletir. Allah insanlar için misaller verir. Allah, her şeyi hakkıyla bilendir."[190]

Görüldüğü gibi bu kandil Konya'da yapılmıştır ve Selçuklu dönemine ait en değerli madenî eserlerden biridir. Bu durum bize XIII. yüzyılın ikinci yarısında maden sanatının Konya'da gelişmiş olduğunu göstermektedir.

e. Sancak:

Yaşlı cami cemaatinden bazıları Eşreoğlu Camii'nde 50-60 yıl öncesine kadar Beyliğe ait sancak olduğunu belirtmişlerdir. Bu sancağı cami deposunda bulamadık, belki yıllar önce vakıflar tarafından götürülmüş veya kaybolmuş olabilir. Ancak kaynakları taradığımızda İ. Hakkı KONYALI'nın kitabında bir sancaktan bahsettiğini gördük. Muhtemelen cami cemaatinin bahsetmiş olduğu sancak bu sancak olmalıdır. Konyalı, sancak hakkında şu açıklamayı yapmaktadır; "Hünkâr Mahfilinin şebekesine asılmış bir sancağın üstünde eski harflerle yazılmış şunları okuduk: Tophane-i Amire'ye Mensub istihkâm alayının ikinci taburunun Bolayır'da Ârâmsaz 3. bölüğünün Konya ciheti efradı tarafından (Eşref Sultan) nâm camii şerife teberrüken ihdâ kılınmıştır. 1314."[191]

Buradan anlaşılıyor ki; terhis olan bir askeri bölük bu sancağı Eşrefoğlu Camii'ne hediye etmiştir.

---

189   M.Z. Oral, **A.g.m.**, s.114, 115; Y. Erdemir, **A.g.e.**, s.80.
190   **Kur'an-ı Kerim Meali**, Nûr suresi:35; D.İ.B. Yayınları, Ankara, 2006.
191   **İ.H. Konyalı, a.g.e., s.230**

BEŞİNCİ BÖLÜM

Fotoğraf: Reha BİLİR

1. SÜLEYMAN BEY'İN TÜRBESİ

1.1. Türbenin Dışı:

Cami'nin doğu cephesine bitişik olarak tasarlanan türbe, tamamı kesme taşla örülmüş kare planlı bir kaideye oturur.

İki katlı olan türbenin alt kısmı cenazelik (asıl mezar, kripta, mumyalık), üst katı ise sekizgen prizma biçimindeki gövdeden oluşmaktadır. Kubbesi dışarıdan konik şeklinde taş bir külah ile örtülüdür. Bu görünüşü ile tipik bir Selçuklu eseridir. Dıştaki kesme taşların tamamı 1965 yıllarında Vakıflar Genel Müdürlüğü tarafından yenilenmiştir[192]. Mezar hücrelerinin bulunduğu cenazelik katı, zeminden aşağıdadır. Buraya 0,70 m genişlik ve 1,38 m yüksekliğinde küçük bir demir kapıdan girilmektedir. Eskiden yapılmış araştırmalarda buradaki cesetlerin tahnitli[193] oldukları hakkında bilgiler var ise de bugün için hiç bir şey kalmamıştır[194].

Cenazelik katındaki giriş kapısının sağ ve sol yanlarından altışar adet taş basamakla ikinci kattaki sembolik türbe kapısına ulaşılır. Basık kemerli kapının orijinal çift kanatlarından her biri 0,80 x 1,98 m ölçülerindedir. Ancak bu kanatlar, koruma amacıyla Vakıflar tarafından sökülerek yerlerine 50'şer cm genişlikteki bugünkü kapı kanatları takılmıştır[195]. Kemerin köşeliklerine birer kabara yerleştirilmiş, hemen üstüne ise 0,30 x 1,40 m ebatlarında iki satırdan oluşan kitabe konmuştur.

Kitabenin metni şöyledir:

Birinci satır:

امر بانشاء هذه التربة المباركة
الميمونة المأمونة من عذاب الله تعلى فى
الدارين الامير الكبير الاثير الخطير

192   Y. Erdemir, **Beyşehir Eşrefoğlu Süleyman Bey Camii ve Külliyesi**, Beyşehir, 1999, s.81

193   Tahnit, cesedin bozulmaması için ilaçlaması, mumyalamak demektir.

194   Y. Akyurt, "Beyşehri Kitabeleri ve Eşrefoğlu Camii ve Türbesi", **Türk Tarih Arkeologya ve Etnografya Dergisi**, Sayı: IV, İstanbul, 1940,s.118; İ.H. Konyalı, **Abideleri ve Kitabeleriyle Beyşehir Tarihi**, Erzurum, 1991, s.62.

195   Y. Erdemir, **A.g.e.**, s.83.

İkinci satır:

ابو المعالى سيف الحق بالملة والدين سليمان ابن اشرف فى شهور سنة احد وسبعمايه.

"Bu mübarek ve uğurlu türbenin yapılmasını iki dârda (dünya ve ahiret) yüce Allah'ın azabından emin; din, millet ve Hakk'ın kılıcı, büyüklükler babası, seçkin ve şerefli emir Eşrefoğlu Süleyman 701 yılında emretti."[196]

Türbenin duvar kalınlığı, 1,18 m'dir. Kuzey ve güney duvarlarına üst üste ikili pencereler açılmış, alt ve üst pencereler arasına düz lento ve düz kemer taşı yerleştirilmiştir. Alttaki pencereler dikdörtgendir, üsttekiler ise sivri kemerlidir. Hiçbir süslemenin bulunmadığı cepheler silmelerle dikdörtgen çerçeve içine alınmıştır.

1.2. Türbenin içi:

İçi de dışı gibi muntazam kesme taşlarla örülü olan türbenin iç cepheleri dışına göre daha iyi korunabilmiştir. Türbenin batı cephesi camiye bitişiktir. Bu cephede 1,32 m genişlik ve 2,04 m derinlikte harime doğru açılan kemerli bir pencere bulunmaktadır. Burası diğer pencerelerden daha büyük olarak tasarlanmıştır. Kapı ve pencerelerin dışında kalan diğer cephelerin yüzeylerine 0,95 m derinlik ve 1,20 m genişlikte yarım daire şeklinde açılan nişler zeminden 0,40 m yüksekte başlayıp kubbe eteğine kadar yükselmektedir.

Tuğlalarla kaplı olan kubbenin yüzeyi dönemin en güzel çinileri ile kaplıdır. Bu çinilerin bir kısmı yıllardır bakımsızlıktan dolayı dökülmüştür. 2004 yılındaki restorasyonda, dökülmüş olan bu çinilerin yerleri boyanmak suretiyle çiniye benzetilmiştir.

Bu mozaik çinili kubbe Konya'daki Karatay Medresesi'nin kubbesinden sonra günümüze kadar gelebilmiş tek çinili kubbe ve aynı zamanda en başarılı kubbe örneğidir[197].

Türbenin ortasında birbirine bitişik üç sanduka bulunmaktadır. Bu sandukalar tuğlalarla örülü ve çamur sıvalı olup üzerleri yeşil bir örtü ile kaplıdır. Vakıflar tarafından sandukaların önlerine konulan yeni yazılara göre soldaki sanduka Süleyman Bey'e, orta-

196   İ.H. Konyalı, **A.g.e.**, s.62, 63; Y. Akyurt, **A.g.m.**, s.118, 119.
197   Ş. Yetkin, **Anadolu'da Türk Çini Sanatının Gelişimi**, İstanbul, 1986, s.128.

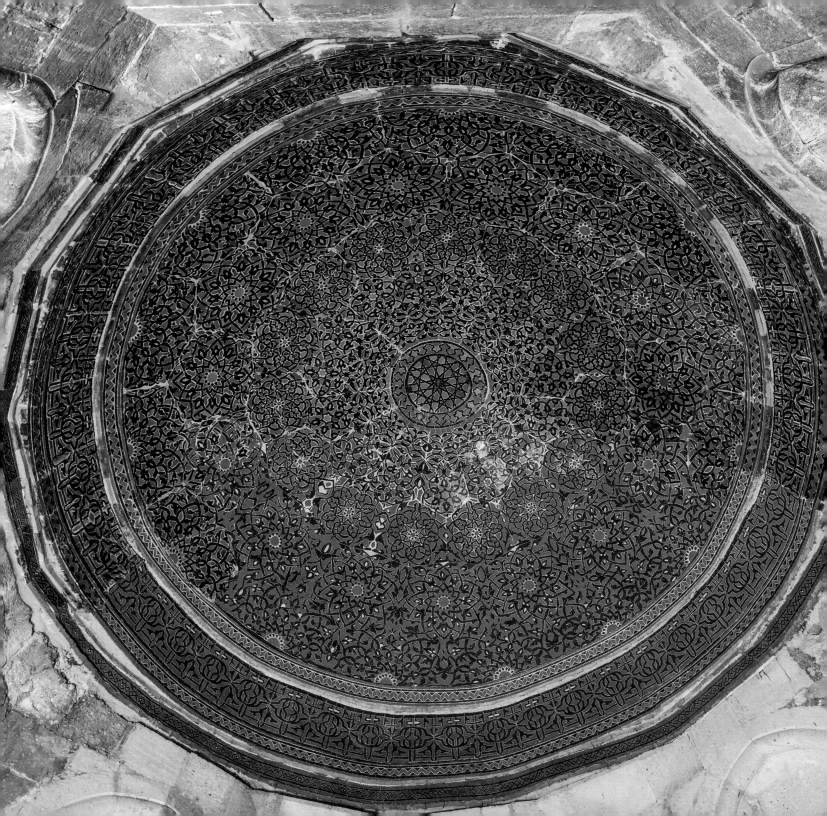

daki onun hanımına, sağdaki ise Süleyman Bey'in oğlu Mübarizüddin Mehmet Bey'e aittir. Ancak sandukalar hakkında farklı görüşler de vardır[198]. Ayrıca bu sandukaların orijinalinde çinilerle kaplı olduğuna dair kayıtlara da rastlanmaktadır[199].

Kâtip Çelebi, Cihannümâ adlı meşhur eserinde Süleyman Bey'in vefat tarihini şöyle kaydetmiştir:

وفات الامير سيف الدين سليمان ابن اشرف ملك بكشهرى فى يوم الاثنين اوائل محرم سنة اثنى وسبعماية

"Beyşehri Meliki Eşrefoğlu Seyfüddin Süleyman Bey'in ölümü 702 yılı Muharrem'inin evvelinde Pazartesi günüdür."[200]

H. 702 yılı, M. 1302 yılına tekabül etmektedir.

2. ÜSTÜ AÇIK OSMANLI TÜRBESİ

Cami'nin kuzeydoğu köşesine 4 m, Eşrefoğlu Süleyman Bey'in türbesine ise 1,85 m mesafededir. Türbe 5,65 m'lik kenar uzunluğuyla kare planlı olup muntazam kesme taşlarla örülüdür. Üstünün açık olmasını yarım bırakılmış ya da daha önce örtülü olan kubbesinin çökmüş olabileceğine bağlayanlar vardır[201].

---

198 Ö. Tekin-R. Bilginer, **Beyşehir ve Eşrefoğulları** adlı eserlerinde: *"Sağ ve soldaki kabirlerin üzerlerinde o günün giyiniş tarzı olan kavuklara nazaran erkek kabri olduğu, ortadaki kabirde ise kadınlık örtüsünden dolayı kadın kabri olduğu anlaşılıyor. Buna göre sağdaki kavuklu Süleyman Bey'in, soldaki oğullarından birinin, ortadaki Süleyman Bey'in hanımı Sultan Hatun'undur."* (Eskişehir, 1945, s.27) diye bilgi verirken, M.Y. Süslü, birincisinin Süleyman Bey'e, ikincisinin hanımına, üçüncüsünün ise Süleyman Bey'in babasına ait olduğunu ifade eder. Bkz. **Eşrefoğulları Tarihi, Beyşehir Kılavuzu**, Konya, 1934, s.57.

199 İ.H. Konyalı: *"Bu kabirlerin çinilerle kaplı olduğunu, asırlar boyu bu manzumenin ihmal edildiğini, kapılarının açık bırakıldığını bu yüzden çinilerin sökülerek yok edildiğini belirtirken devamla; hatta kabirlerin kimliklerinin ve ölüm yıllarının çinilerle yazılmış olması muhtemeldir"* diye açıklamada bulunur. **A.g.e.**, s.63.

200 İ.H. Konyalı, **A.g.e.**, s.64; Kâtip Çelebi, **Cihannümâ**, (H.1145), s.618.

201 İ.H. Konyalı, **A.g.e.**, s.270; Y. Erdemir, **A.g.e.**, s.87; Y.Akyurt, **A.g.m.**, s.119.

Doğu, batı ve kuzey cephelerine birer dikdörtgen pencere açılmıştır. Pencerelerin ölçüleri; doğudaki 0,60 x 0,75 m; batıdaki 0,60 x 0,80 m, kuzeydeki 0,70 x 1,05 m'dir. Ayrıca doğu duvarının kuzey köşesi yakınına 0,84 x 1,60 m ebadında basık kemerli bir kapı açılmıştır. Bugün burada demirden çift kanatlı bir kapı takılıdır. Açıklık cepheden 12 cm içeride olup etrafı 25 cm genişlikte bir çerçeve ile kuşatılmıştır. Köşelerinde ise birer rozet görülür. Kemerin üstünde 0,38 x 0,48 m ölçüsünde iki satırdan oluşan mermer kitabe ve kenarlarında birer kabara yer alır. Sülüs yazı ile yazılmış olan Türkçe kitabe şöyledir:

١- اول امير المؤمنين جون ايتدى رحلت - مقرن يا الهى ايله جنت

٢- بقايه عزم قلدى بو فنادن - ديدم تاريخ اوله روحينه رحمت

1. Ol Emîrü'l-mü'minîn çün etdi rıhlet - makarrın yâ ilâhî eyle cennet

2. Bekâya 'azm kıldı bu fenâdan - didüm târih ola rûhuna rahmet.

İkinci mısra ebcet hesabına vurulunca H.969 / M.1561 yılı çıkar ki[202] buna göre bu türbenin camiden 262, Eşrefoğlu türbesinden de 260 sene sonra yapıldığı ortaya çıkmaktadır. Bu tarih Kanuni Sultan Süleyman'ın hükümdarlık dönemine rastlamaktadır.

Türbe duvarları 0,85 m kalınlıkta, 4,35 m yüksekliktedir.

Türbenin ortasında üzerinde hiçbir bilginin bulunmadığı taştan bir sanduka yer alır. Burada metfun olan zatın cami içindeki ahşap müezzin mahfilini 1571 yılında yaptıran Mustafa Bey'in babası olduğu hakkında görüşler vardır[203].

Eğer ki türbede gömülü olan şahıs Mustafa Bey'in babası ise müezzin mahfilindeki kitabeye göre bu şahıs, Osmanlı sultanlarından birinin, muhtemelen Kanuni Sultan Süleyman'ın vezirlerinden biridir. Müezzin mahfilindeki konu ile ilgili kitabe mısraını hatırlatalım:

"Mustafa Bey ki sâhibü'l-hayrât / Pederidür vezir-i sultânî"

Mustafa Bey, cami içindeki bu müezzin mahfilini babasının vefatından 10 sene sonra M. 1571 yılında yaptırmıştır.

---

202   İ.H. Konyalı, **A.g.e.**, s.270.
203   İ.H. Konyalı, **A.g.e.**, s.271.

ALTINCI BÖLÜM

1. EŞREFOĞLU BEDESTENİ

Bedesten, Eşrefoğlu Camii'nin kuzeybatısında ve camiye 35 m mesafededir. Bedestenin yapılışı hakkında herhangi bir bilgi bulunmamaktadır. Ancak caminin taç kapı portalindeki Süleyman Bey'in vakfiyesinde bu bedestenden bahsedilir ve burası "bezistan-bezzaziye hanı"[204] olarak geçmektedir. Buna göre bedesten, cami ile aynı yıllarda ya da daha öncesinde yapılmış olmalıdır.

Bedestenin Osmanlı dönemindeki tamir kitabesi 1934 yılına kadar batı kapısının üstünde iken daha sonra Süleyman Bey'in türbesi içinde olduğu tespit edilmiştir[205] ve hâlâ aynı türbede muhafaza edilmektedir. 0,40 x 0,60 m ölçüsündeki üç satırdan meydana gelen taş kitabe şöyledir:

١- جاوش باشنه منظراتدى مولى عمارت ايلدى شهرين اعلا.

٢- بز ستان يايدى هم قلدم دعا مرادين ويره دائم حق تعالى.

٣- تمام اولدى ديديلر آكه تاريخ بوكز رعنا بزاز ستان اولدى احيا.

Kitabenin Türkçe okunuşu:

1. Çavuş başına manzar etti Mevlâ   İmâret eyledi şehrini âlâ.
2. Bezistan yaptı, hem kıldum dua,   Murâdın vire dâim Hak Teâlâ
3. Tamâm oldu dediler aña târih,   Bu kez ra'nâ bezzazistân oldu ihyâ.

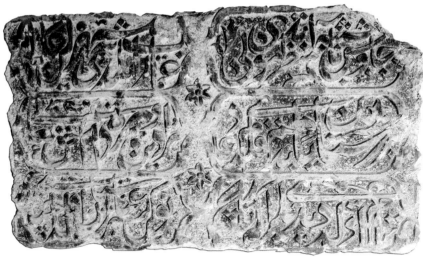

Kitabenin son mısraı yine ebcet hesabına göre H.958/M.1551 yılını göstermektedir ki, bu tarih de Kanuni Sultan Süleyman dönemine karşılık gelmektedir. Çavuş Başı olarak anılan bir kişi tarafından tamir ettirildiği anlaşılmaktadır[206].

Böylece Eşrefoğulları döneminde yapılan Bedestenin zaman içerisinde büyük ölçüde yıprandığı, Kanuni zamanında yeniden yapılırcasına onarıldığı anlaşılmaktadır. Muhtemelen bedesten ilk yapıldığında Selçuklu mimarisi geleneğine göre düz çatılı olarak tasarlanmıştır; ancak bu büyük onarımda çok kubbeli Osmanlı mimarisinin özellikleri yansıtılmıştır.

204   İ.H. Konyalı, şu açıklamada bulunur: *"Arapçada bezzaz, bez yapan, bezci anlamında kullanılır. Daha sonra bez ve bezzaz kelimelerinin sonuna Farsça (-istan) eki getirilerek 'bezistan' olmuştur. Bezistan; bez yeri, bez satanların yeri anlamına gelir. Ahmet Vefik Paşa ise bezistan kelimesini şöyle açıklar: 'Bez satılan, bezzaz mahalli, nefis kumaşlar satılan çarşı, cevahir bedesteni.'"* Bkz.: **Abideleri ve Kitabeleriyle Beyşehir Tarihi,** Erzurum, 1991, s.280, 281.

205   İ.H. Konyalı, **A.g.e.,** s.281.

206   İ.H. Konyalı, **A.g.e.,** s.281, 282.

Fotoğraf: Reha BİLİR

Süleyman Bey'in vakfiyesinde ve Çavuş Başı'nın tamir kitabesinde adı "Bezistan" olarak geçmektedir. Buraya Osmanlı dönemindeki bu onarımdan sonra "Bedesten" denmiştir.

Bedesten, kuzey-güney istikametinde 28,30 m uzunluğunda, 21,50 m eninde dikdörtgen bir alana oturmaktadır. Üstteki altı kubbeyi, dört ana duvar ve mekânın ortasındaki iki adet kare taş direk ile tuğla örülü yedi kemer taşımaktadır. Kubbeler, içten kemer şeklinde tuğlalarla, dıştan kurşunla kaplıdır. 1,40 m kalınlığındaki ana duvarlar gayr-i muntazam taşlarla örülüdür. Bedestenin çevresinde ise 31 adet eyvanlı dükkân bulunmaktadır. Bunlardan 8 tanesi doğu, 9 tanesi batı, 7 tanesi kuzey, 7 tanesi de güney cephesindedir.

Bedestene giriş doğu, batı ve güneye açılan dikdörtgen kapılarla sağlanırken, girişlerin önündeki eyvanların üstleri de kubbelerle örtülmüştür. İçerisi doğu ve batıdan üçer, kuzey ve güneyden kubbe altlarına denk gelecek şekilde tanzim edilmiş ikişer pencere ile aydınlatılmıştır.

Bedestenin eski durumu ile ilgili olarak 1895 yılında Beyşehir'e gelen ünlü Alman Seyyah F. Sarre şu bilgileri verir: "İçinde kalın payandalar yer alan eski ve muhteşem bir han bulunuyor. Handa şimdi bir çömlekçi atölyesi var."[207] Yusuf Akyurt ise, 1940 yılında kaleme aldığı makalesinde: "Hariçteki dükkânlarla hanın altı adet kubbesi kâmilen yıkılmıştır. Kubbelerin bulunduğu yerler tahta ile kapatılmıştır"[208] diye bilgi verirken, İ. Hakkı Konyalı ise bedesten hakkında şu ifadeleri kullanır: "Muntazam taşla ve tuğla ile yapılmış bu mevzun kubbeli bina yüreğim burkularak yazıyorum, şimdi bir taş ocağı haline getirilmiştir. Komşular taşlarını, tuğlalarını gizli gizli söküyorlar."[209]

Bedesten harap ve metruk bir hâlde iken 1975 yılında Vakıflar Genel Müdürlüğü tarafından restore edilerek kullanılır duruma getirilmiştir[210]. Ancak üzerinden yaklaşık 35 yıl geçmiş, kubbelerde yine yer yer çatlamalar meydana gelmiştir. Bunun üzerine 2009 yılında yeni bir restorasyon için proje hazırlanmış olup önümüzdeki onarımının yapılması beklenmektedir. Mevcut hâliyle bugün Beyşehir Belediyesi tarafından sergi ve toplantı salonu olarak kullanılmaktadır. Zamanla ziyaretçilerin gezebilecekleri bir mekân ya da müze hâline getirilmesi umut edilmektedir.

Türk taş işçiliğinin ender örneklerinden biri olan bedesten, Anadolu'daki en eski bedestenlerdendir ve ayakta kalabilmiş bir yaşıtını bulmak imkânsız gibidir[211]. Bu özelliği ile Osmanlı bedestenleri burasını örnek almıştır[212].

Fotoğraf: Reha BİLİR

207   F. Sarre, **Küçükasya Seyahati**, (Çeviren: Dârâ Çolakoğlu), Pera Yayınları, s.157.
208   Y. Akyurt, "Beyşehri Kitabeleri ve Eşrefoğlu Camii ve Türbesi", **Türk Tarih, Arkeolgya ve Etnografya Dergisi**, 1940, Sayı: 4, s.119.
209   İ.H. Konyalı, **A.g.e.**, s.283.
210   B. Alperen, **Beyşehir ve Tarihi**, Konya, 2001, s.98; Y. Erdemir, **Beyşehir Eşrefoğlu Süleyman Bey Camii ve Külliyesi**, Beyşehir, 1999, s.88.
211   B. Alperen, **A.g.e.**, s.98.
212   Y. Erdemir, **A.g.e.**, s.89; B. Alperen, **A.g.e.**, s.98.

Fotoğraf: Seyit KONYALI

2. EŞREFOĞLU HAMAMI

Eşrefoğlu Hamamı, Bedestenin hemen batısında yer alır. Hamamın yapılış tarihi hakkında da bedestende olduğu gibi herhangi bir belge ya da kitabe mevcut değildir. Ancak caminin taç kapı portalindeki Süleyman Bey'in vakfiyesinde "Hamam-ı Kebir" (Büyük Hamam) diye bahsedilen hamamın, çevrede başka bir hamama rastlanmadığından bu hamam olduğu anlaşılmakta ve hamamın camiden önce hizmete açıldığı düşünülmektedir[213].

2.1. Hamam'ın Eski Durumu

Hamam, 2006-2007 yılındaki son restorasyona kadar zeminden 2 m kadar toprağa gömülü idi. 1960'lara kadar samanlık olarak kullanılan hamamın, son yıllarda çöplük hâline geldiği de dikkatlerden kaçmıyordu.

Hamamın eski durumu hakkında bazı kaynaklardan elde ettiğimiz bilgiler şöyledir:

Y. Akyurt, 1940 yılında Eşrefoğlu Hamamı ile ilgili şu açıklamada bulunur: "Kadın ve erkeklere mahsus iki kısımdır. Harap bir hâlde olup içi saman dolu olduğundan plânı alınamamıştır."[214]

İ. Hakkı Konyalı, "Hamam, Selçuklu hamam mimarisinin bize kadar ayakta kalan çok muvaffak örneklerinden birisidir. Tektir. Kadın-erkek nöbetleşe günlerde yıkanırlardı. Suyunun bir kazıda meydana çıkan yanındaki sudan itibaren taşla örülen bir kuyudan dolapla alındığı, sonra Bademli'den getirilen sudan istifade edildiği anlaşılmaktadır. Hamam şimdi toprağa gömülmüş ve harap bir vaziyettedir. Kubbeleri yer yer yıkılmıştır. Önüne gelen hamamın kubbelerini şuradan buradan delmiş, kapılarını yıkmış, ara duvarlarını yer yer açmış, samanlık, kayıt damı ve ahır yapmıştır." diye belirttikten sonra şu ifadelere yer verir: "Halk, bu hamama büyük hamam diyor. Bunlardan İçerişehir'de bir de küçük hamam bulunduğu manası çıkıyor."[215] Konyalı'nın verdiği bu bilgileri B. Eyüboğlu da âdeta şu ifadelerle desteklemektedir: "Han'ın kuzeybatısında yer alan iki hamamdan biri erkekler, biri kadınlar hamamıdır. Son restorasyona kadar toprağa gömülüp üzerlerine ev ve samanlıklar yapılmış olan hamamlardan özellikle erkekler hamamı tümüyle ortaya çıkarılmıştır. Erkekler hamamının, kuzeydekinin olduğu sanılmaktadır."[216]

Hamamın eski durumu ile ilgili diğer bir bilgi Y. Önge'ye aittir. Plân ve duvarlarındaki süslemelerini de çizen Önge, hamam için şöyle demektedir: "Duvarlar içine ufki vaziyette yerleştirilmiş 10 cm çapında pişmiş toprak künkler sıcak ve soğuk suyu kurnalara kadar getiriyordu. Hamamın ısınması için yer yer duvarlara yerleştirilmiş düzey vaziyette 12,20 cm çapında pişmiş toprak künkler mevcuttu ki, bunlara tüteklik veya tüfeklik diyoruz. Sıcaklık kısmının eyvanlarında tonoz üzengileri ve köşe halvetlerinin duvarları, sıva üzerine kalıp basma usulü yapılmış fevkalade enteresan tezyini bordürler ihtiva etmektedir ki, Eşrefoğlu Hamamı'nın bugün bilinen yegâne süslemesidir."[217]

B. Alperen de hamam ile ilgili şu ifadeleri kullanmaktadır ki, oldukça düşündürücüdür: "1960 ihtilâli ile başlayan olağanüstü dönemin, hamamın restorasyonu ile ilgili çalışmaları engellediği söylenir."[218]

2.2. Hamamın Bugünkü Durumu

Yüz yılı aşan bir süredir kullanılmadığı tahmin edilen, eski kaynaklarda da belirtildiği üzere uzunca bir zaman samanlık ve hayvanların barındırıldığı bir ahır, son yıllar da ise iyice mezbelelik ve çöplük bir hâlini alan Eşrefoğlu Hamamı, Vakıflar Genel Müdürlüğü tarafından 2006-2007 yıllarında aslına uygun olarak restore edilmiştir. 2009 yılında ise ihale usulü ile bir işletmeciye kiraya verilerek yeniden hamam olarak kullanılmaya başlanmıştır.

2.3. Hamamın Bölümleri

a. Soyunmalık:

Hamamın doğusundadır. Soyunmalığa kuzey cephenin doğu köşesine 2,95 m kala, 1,50 m orijinal kapı genişliğine yeni takılan ahşap bir kapıdan giriş sağlanır. Bu kapı aynı zamanda hamamın da giriş kapısıdır. Soyunmalık, 10,75 x 15,05 m ölçüsü ile kuzey-güney yönünde uzanan dikdörtgen bir alandan oluşur. Zemin hariç tamamen ahşapla kaplı olan soyunmalık iki katlıdır.

213   Y. Erdemir, **A.g.e.**, s.90.
214   Y. Akyurt, **A.g.m.**, s.8.
215   İ.H. Konyalı, **A.g.e.**, s.276, 277.
216   B. Eyüboğlu, **Dünden Bugüne Beyşehir**, Beyşehir, 1979, s.50.
217   Y. Önge, "Konya Beyşehir'de Eşrefoğlu Süleyman Bey Hamamı", **Vakıflar Dergisi**, Sayı: VII, Ankara, 1968, s.143.
218   B. Alperen, **A.g.e.**, s.101.

Ana girişin hemen sağına bitişik iki adet lavabo, bunların alt ve üstlerine ise ahşap çekmece ve dolaplar yerleştirilmiştir. Toplam 27 adet soyunma odasından 11 tanesi alt kattadır. Odalar ortalama 1,85 x 1,23 ölçülerinde olup yükseklikleri 2,35 m'dir. İkinci kata çapraz köşeler olan kuzeybatı ve güneydoğu köşelerindeki 12'şer basamaklı, dönerli ahşap merdivenlerden çıkılır.

Soyunmalığın aydınlatılması, çatı ortasına, çatı seviyesinden 1,20 m kadar yükseltilmiş dikdörtgen plânlı ahşap bir fener, fenerin etrafındaki birbirine bitişik altlı-üstlü 96 adet pencere ile sağlanırken bu pencereler kuzey ve güneyde 16'şar tanedir. Pencerelerin ölçüleri 40 x 45 cm'dir. Doğu ve batıdaki toplam 64 pencere ise 37 x 40 cm ebatlarındadır. Zemini mermerle kaplı olan bu kısmın ortasında sekiz köşeli ve fıskiyeli küçük bir havuz yer alır. Havuz da mermerle kaplıdır. Çatı örtüsünü 43 cm yükseklikteki mermer kaideler üstünde yükselen iki sıra halindeki üçerli altı ahşap direk taşımaktadır. Tavan içten lambrilerle, dıştan ise kiremitle kaplıdır.

Soyunmalığın batı duvarına 1,73 m yükseklikte, 0,80 m genişlikte açılmış olan sivri kemerli kapıdan (buraya şimdi yeni ahşap bir kapı takılmıştır) 3,10 x 1,37 m ölçülerindeki ara koridora geçilir. Koridorun kuzey batı köşesindeki 0,66 m genişliğinde 1,67 m yüksekliğindeki sivri kemerli kapı aralığından ise iki adet lavabo ve iki adet tuvaletin bulunduğu başka bir bölüme geçilir. Koridor ve lavaboların tepelerinde ise 35 x 40 cm ölçülerinde aydınlatma delikleri bulunur.

b. Soğukluk:

Tuvalet ve lavaboların önündeki ara koridordan sonra 0,80 m genişliğinde, 1,67 m yüksekliğinde ve 0,87 m derinliğindeki kapı aralığından geçilen bölüm soğukluk olarak adlandırılmaktadır. Buraya da yeni bir ahşap kapı takılmış durumdadır.

Kare plânlı soğukluk, 7,50 m çapında büyük bir kubbe ile örtülüdür. Kubbenin tepe noktasına açılan 0,95 m çapındaki yuvarlak pencere ve etrafındaki üçlü gözler içeriyi aydınlatmaktadır. Orijinalinde kesme taşlarla döşeli iken zemini son restorasyonda mermerle kaplı hâle getirilmiştir.

Duvarların 1,20 m yüksekliğe kadar olan kısımları zeminde olduğu gibi yine mermerle kaplanmış, hemen üstüne de duvarları dolaşan 0,32 m yükseklikteki bordürlerine, alçı zemin üzerine palmet ve rumilerden oluşan süslemeler yapılmıştır. Duvar diplerini dolaşan 0,90 m genişliğindeki sekilerin doğu duvarının önlerine de 0,70 x 2,00 m ölçüsünde 0,50 m yüksekliğinde iki adet fayans kaplı keselenme sehpası yapılmıştır. Bu sehpalar soğukluğun orijinalinde olmadığı hâlde ihtiyaca binaen eklenmiştir.

Soğukluk bölümünün batı duvarına sivri ve yuvarlak kemerli bir kapı açılarak sıcaklık bölümüne geçiş verilmiştir. Bazı kaynaklarda soğukluk ve sıcaklık bölümlerine geçişlerdeki bu kapı üzerinde firuze renkli sırlı tuğla bakiyelerinden söz ediliyorsa da[219] bugün için bunlardan hiçbir eser kalmamıştır.

Sıcaklık bölümündeki halvetlerden başka soğukluk kısmının kuzeyinde, girişin hemen sağına bitişik 3,80 x 4,00 m ölçüsünde bir halvet hücresi bulunur. Burası sıcaklık bölümünde fazla duramayan, sıcağa dayanamayan, kalp, tansiyon gibi risk taşıyan kimseler için yapılmış olmalıdır. Halvet 3,40 m çapında bir kubbe ile örtülüdür.

c. Sıcaklık:

Sıcaklık bölümüne, soğukluğun batı duvarı ortasından 0,77 m genişliğinde 1,62 m yüksekliğinde ve 1 m derinliğindeki kapı aralığından geçilir. Sıcaklığın zemini ve duvarların 1,20 m yüksekliğe kadar olan kısımları tıpkı soğukluktaki gibi mermerle kaplanmış, hemen üstündeki bordür ise yine soğukluktaki ölçülerde aynı motiflerle süslenmiştir.

Ortada mermerle kaplı sekizgen bir göbek taşı bulunur. Göbek taşının üzerine denk gelen 5,25 m çapındaki ana kubbenin etrafı artı şeklinde dizilmiş, sivri tonozlu dört eyvan ve köşelerde birer kubbeli yine dört halvetten ibarettir. Sıcaklık bölümü bu hâliyle dördü kapalı, dördü açık halvet hücrelerinden meydana gelmektedir. Her halvet hücresinde üçer adet su kurnası bulunmaktadır. Bugün için kapalı halvetlerden bir tanesi tıraşlık, bir tanesi ise buharlı sauna olarak kullanılmaktadır.

İçeriyi kubbe merkezine açılan 0,90 m çapındaki bir pencere ve dört adet üçlü göz aydınlatır. Kubbe; köşelerde pandantiflerle, yanlarda ise eyvan kemerlerle desteklenir. Halvet kapılarının üstlerindeki pandantiflerde baklava şeklinde birer aynalık vardır. Aydınlatma ise kubbe merkezlerindeki birer küçük delikle sağlanır.

---

219   Y. Önge, **A.g.m.**, s.141; B. Eyüboğlu, **A.g.e.**, s.51.

Fotoğraf: Seyit KONYALI

d. Su deposu:

Sıcaklığın sivri tonozla örtülmüş olan batı tarafı boydan boya su deposudur. Depo, sıcaklık girişinin karşısındaki açık halvetin batı duvarının ortasına açılmış 0,60 x 1,00 m ölçüsündeki bir pencere ile irtibatlandırılmıştır.

e. Tüteklik:

Restorasyondan önce izlerini gördüğümüz tüteklikler, hamamın ısıtılmasında kullanılmıştır. Bunlar duvarlara düşey eksende yerleştirilmiş 13-15 cm çapındaki pişmiş toprak künklerden oluşmaktadır.

f. Külhan:

Külhan bölümüne güney cephenin batı köşesinin yanındaki kapıdan girilir. Bazılarının dediği gibi bu kapı bayanlar girişi yahut bölümü değildir. Bayanlar hamamı bu hamamın az ilerisinde merhum Ayvacı'nın Kemal'in evinin olduğu yerdedir.

Fotoğraf: Seyit KONYALI

Fotoğraf: Seyit KONYALI

YEDİNCİ BÖLÜM

1. İSMAİL AĞA MEDRESESİ (TAŞ MEDRESE)

1.1. Tarihi ve Kitabesi

Eşrefoğlu Camii'nin hemen batısında yer alan medrese-ye halk arasında "Taş Medrese" de denir.

Bazı kaynaklarda medreseyi Seyfeddin Süleyman Bey'in yaptırmış olabileceği ihtimali üzerinde duruluyorsa da bu ihtimal tahminlerden öteye geçmemektedir. Bu görüşü ispat edecek hiçbir belgeye bugüne kadar ulaşılamamıştır. Zaten ca-minin taç kapı portalindeki Süleyman Bey'e ait kitabe vakfiye-sinde de bu medreseden bahsedilmemiştir. Dolayısıyla medrese külliyeye daha sonra dâhil edilmiştir.

Medrese'nin tarihi ve kimin yaptırdığı hakkındaki tek belge medrese portalindeki kitabede gizlidir.

Bu kitabe bazı kaynaklarda birbirlerinden farklı şekil-lerde okunmuş, hatta İ. Hakkı Konyalı bu kitabeyi kendisinden başka tam ve doğru okuyanın bulunmadığını ifade ederken di-ğer yazarların yanlış okuduklarına vurgu yapmıştır. Teknolojinin olmadığı zor şartlar altında okumuş oldukları bu kitabelerden dolayı onları minnet ve şükranla anıyoruz. Ancak biz bu kitabeyi teknolojiden faydalanarak çözünürlüğü yüksek dijital bir fotoğ-raf makinesi ile çekmek suretiyle bilgisayarda eskiden okuyan yazarlarla karşılaştırdığımız zaman en doğru okuyan kişinin Konyalı değil, eski Konya müzesi müdürü merhum Y. Akyurt'un olduğunu gördük. Buna göre kapı portalinin giriş kemeri üstün-deki 0,22 x 2,13 m ebadında tek satırdan oluşan mermer kita-benin Arapça metni Türkçe karşılığı şöyledir[220]:

رسمت هذه المدرسة الشريفة باسم الامير الكبير
جدا ما برز بالخيرات الخطير مجد الدنيا والدين ابى
المكارم اسماعيل اغا ابن الخليل شكر سعيه فى شهور
سنه احدى وسبعين وسبعمايه.

"Bu şerefli medreseyi, değerli hayratı ibraz eden büyük emir, şan ve şeref sahibi din ve devletin ulusu, keremler babası Halil oğlu İsmail Ağa -sa'yi meşkur olsun- kendi isim ve namına yedi yüz yetmiş bir senesinde yaptırdı."

Bu durumda medrese H.771=M.1369 yılında yapılmıştır.

İ. Hakkı Konyalı, Akyurt'un (جدا ابرز)diye doğru okuduğu yeri parantez içinde göstererek (جددت زمان)şeklinde okumuş ve bu tarihte medresenin yenilendiği manasını çıkarmıştır. Buradan hareketle de Konyalı, söz konusu yerde daha önce Süleyman Bey'in medresesinin olduğunu düşünmektedir[221].

220   Y. Akyurt, "Beyşehri Kitabeleri ve Eşrefoğlu Camii ve Türbesi", **Türk Tarih, Arkeologya ve Etnoğrafya Dergisi**, Sayı: IV, İstanbul, 1940, s.122
221   İ.H. Konyalı, **Abideleri ve Kitabeleriyle Beyşehir Tarihi**, Erzurum, 1991, s.255, 256, 258.

1.2. İsmail Ağa

İsmail Ağa, İlhanlılar tarafından Anadolu'nun idaresine tayin edilen valinin emrindeki Tatarlarla birlikte Anadolu'ya gelen emirlerden birisidir.

M.1326 yılında Eşrefoğlu Beyliğine son veren İlhanlılar adına Beyşehir'de hüküm sürmeye başlayan İsmail Ağa, yörede kuvvetini hissettiren Karamanoğulları'na karşı duramamış, 1329 yılında Beyşehir'i ele geçiren Musa Bey'e bağlı bir emir olarak görev yapmak durumunda kalmıştır[222]. Daha sonra Karamanoğulları ile iyi ilişkiler kuran İsmail Ağa, İlhanlı hükümdarı Ebu Said Bahadır Han'ın M.1335 yılında ölümü üzerine aslında İlhanlı emiri olarak geldiği Beyşehir yöresinde bağımsız olarak hareket etmeye başlamıştır[223]. Daha sonra emrindeki 6000 Tatar ile birlikte Karamanoğulları'na tâbi olduğu, Karamanoğulları'nın yaptıkları savaşlara askerleriyle birlikte katıldığı Şikârî'de geçmektedir[224]. İsmail Ağa'nın Eminü'd-devle ve Seydi Ahmed adında iki oğlu olduğu bilinmektedir[225].

İsmail Ağa ömrünün sonuna kadar Beyşehir'de yaşamış, H.780/M.1379 yılında burada vefat etmiş ve yaptırmış olduğu medresenin dershanelerinden birine defnedilmiştir.

1.3. Medresenin Vakıfları

Fatih Sultan Mehmet adına, sadrazam Gedik Ahmet Paşa tarafından Beyşehir'in vakıfları tespit edilirken 1476 Tahrir Defteri'nde burası İsmail Ağa Medresesi olarak kaydedilmiş[226] ve vakıfları şöyle sıralanmıştır:

"Kıreli'ne bağlı Yarangümü Köyü[227], Beyşehir yanında Sukoştuğu yerde 1 kıta yer, Afşar Köyü'nde 40 dönüm yer, şehir yakınında öyük yeri, İğdir köyünde 20 dönüm yer, Alpgazi Köyü'nde 3 kıta yer, Çubuklu mezrasında bahçe, Kıstıfan adasında harap bağ, Yelten Köyü'nde[228] bağın yarısı, Bayındır Köyü yanında iki taşlı değirmenin yarısı, medreseye bitişik 1 dükkân ve hamam önünde dükkânlar, Avdancık Köyü'nde 12 dönüm yer, Beyşehir'deki Cevher Ağa Kervansarayı yerinin mukataası."[229]

Medrese vakfının yürürlükte kalması Fatih Sultan Mehmet'in beratıyla sağlanmıştır. Eski kayıtlarda mütevelli, gelirin beşte birini alırken, İsmail Ağa mütevelliliği azatlı kölelerine şart koşmuştur[230].

Fatih döneminde İsmail Ağa'nın azatlı kölelerinin evlat ve yakınlarından kimse kalmadığı anlaşılmaktadır ki medresenin tevliyet görevi daha sonra Beyşehir kadısına verilmiştir[231].

1483 tahririnde (vakıf defteri) ise, geliri 5792 akçe olan medrese vakfına bu tarihte şehir sınırında iki dönümlük arazi ile Afşar'da "Yeni Bağ" adlı yer ilave edilmiştir[232]. 1500 yılında yıllık geliri 9531 akçeye ulaşan medresenin 1530 yılındaki vakıfları ise Kıreli'ne bağlı Yarangümü Köyü ve Karalar mezrası, 12 kıta yer, kervansaray yeri, medreseye bitişik ve hamam önünde 18 dükkân, Bayındır Köyü'ndeki değirmenin yarısı ile 3 kıta bağdan meydana gelmektedir[233]. Müessesenin bu tarihteki toplam geliri de 1 akçe artarak 9532 akçe olmuştur[234].

1.4. Medresenin Görevlileri

İsmail Ağa medresesinde, 1483 tarihinde müderrislik için "hükm-i hâkâni" ile Mevlâna Şücâ görevli iken, 1500 tarihinde bu görevi Mevlâna Gazi yürütmektedir. 1483 yılı kayıtlarına göre, medreseye bitişik ve hamam önündeki toplam 18 dükkândan 4'ü Said Abdullah'ın, 4'ü mütevellilik görevini yürüten şahsın, kalan 10 bâb da, medrese müderrisinin tasarrufunda idi. 1500'de ise dükkânlardan 4'ü mütevellinin, diğerleri de müderrisin

---

222   Şikârî, **Karamanoğulları Tarihi**, (Neşr: M. Mesut Koman), Konya, 1946, s.34.
223   İ.H. Konyalı, **A.g.e.**, s.261.
224   Şikârî, **A.g.e.**, s.31; İ. Çiftçioğlu, "Beyşehir'de Moğol Emiri İsmail Ağa'nın Eserleri ve Vakıfları", **Süleyman Demirel Üniversitesi Sosyal Bilimler Dergisi**, Sayı: 6-7, 2002, s.2.
225   İ.H. Konyalı, **A.g.e.**, s.99-264, 265.
226   İ.H. Konyalı, **A.g.e.**, s.257.
227   Yarangümü; Kıreli kasabasının bir buçuk kilometre güneyinde bir köy idi. Şimdi böyle bir köy kalmamıştır; İ.H. Konyalı, **A.g.e.**, s.79.
228   Yelten; Eflatun Pınarı'nın yanında bir köy idi. Bu köyde zamanla yok olmuştur; İ.H. Konyalı, **A.g.e.**, s.79.
229   İ. Çiftçioğlu, **A.g.m.**, s.6; İ.H. Konyalı, **A.g.e.**, s.257; H. Muşmal, "XVIII. ve XIX. Yüzyıl Beyşehir Kentinde Bulunan Müesseseler ve Vakıfları", **Selçuk Üniversitesi Türkiyat Araştırmaları Dergisi**, Sayı:19, 2006, s.224.
230   İ.H. Konyalı, **A.g.e.**, s.79; İ. Çiftçioğlu, **A.g.m.**, s.7
231   İ.H. Konyalı, **A.y.**
232   İ. Çiftçioğlu, **A.g.m.**, s.6
233   İ. Çiftçioğlu, **A.y.**
234   İ. Çiftçioğlu, **A.g.m.**, s.7.

tasarrufundadır[235]. 1522 tarihli vakıf defterinde ise medresede görev yapan müderris ve yardımcısı için hamamdan pay ayrıldığı, 1583 tarihli başka bir defterde de "Medrese-i Eşrefoğlu tedrisine ve iadesine cami evkafından 800 akçe..." ibaresi yazılmak suretiyle bahsedilmiştir[236].

Medresenin Hocası: Âmil Hocaefendi

Arşiv belgelerine göre mütevelliler, XVIII. yüzyılın ortalarında günde 3 akçe, 1824'te ise 2 akçe almaktadır. Bu tarihte medresede görev yapan müderrisler ise günde 20 akçe ücret alırlardı[237]. 23 Temmuz 1913 tarihinde ise müderrisler aylık 150 kuruş karşılığında görev yapıyorlardı[238].

Bu belgelerden anlaşıldığına göre medrese XX. yüzyılın başlarına kadar faaliyetini sürdürmüştür (1913). Daha sonra medreselerin, tekke ve zaviyelerin hakkında kanun yürürlüğe girdikten sonra kapatılarak kaderi ile baş başa bırakılmıştır. İşin daha da kötüsü 1928-29 yıllarında Abdünnafi adlı Beyşehir kaymakamı, bu ecdat yadigârı güzel medreseyi yıktırarak mermer sütunlarını halkevi (bugünkü Beyaz Park) binasının önüne süs olarak diktirmiştir[239].

Eşi ve kızı ile birlikte Eşrefoğlu Camii'ni ziyarete gelen ve yıllardır İstanbul'da yaşayan 1938 Konya doğumlu, inşaat yüksek mühendisi Mustafa Kafalıer'in[240] bize aktardıkları son derece dikkat çekicidir.

Mustafa Kafalıer'in dedesi (annesinin babası) 1879 doğumlu, hafız-ı kurra Âmil Hoca, 1914 yılına kadar İsmail Ağa Medresesi'nde hocalık yapmıştır. 1914 yılında Beyşehir'den Konya'ya gelen Âmil Hoca, Konya'da birçok hafız yetiştirmiş ve bu süre zarfında Rumûzu'l-Kıraat adlı altı ciltlik el yazısı ile kendi bir kitap yazmış ve vefat etmeden önce bu eserini Konya Bölge Yazma Eserler Kütüphanesi'ne bağışlamıştır. Bu kitap söz konusu kütüphanede 7645 numara ile kayıtlıdır. Buradan anlaşılıyor ki, Âmil Hoca Beyşehir'deki İsmail Ağa Medresesinde kıraat hocası idi.

Soyadı kanunu çıkıncaya kadar hafız-ı kurra Âmil Hoca Efendi olarak anılırken, kendi arzusu üzerine, uzun yıllar medresede görev yapmış olmasından dolayı İsmail Ağa'nın "Sütdede" lakabını kendisine soyadı olarak almıştır.

Mustafa Kafalıer dedesinin Beyşehir'deki İsmail Ağa Medresesinde hocalık yaptığını bildiğini, ancak İsmail Ağa'nın "Sütdede" lakabını kendisine soyadı olarak aldığını ilk defa bizden öğrendiğini belirtmiştir. Mustafa Kafalıer, anneannesinin kabrinin ise Eşrefoğlu Camii yakınında bir mezarlıkta olduğunu da ifade etmiştir. Kitabımızın kalenin doğu kapısı bölümünde de belirttiğimiz gibi bu mezar, bugünkü Eşrefoğlu İlköğretim Okulunun olduğu yerdedir.

Mustafa Kafalıer İstanbul'a döndükten birkaç gün sonra dedesinin yazmış olduğu el yazma kitabın CD'si ile birlikte dedesinin fotoğrafını ve o günkü nüfus kaydını bize göndermiştir, kendisine çok çok teşekkür ediyoruz.

1.5. Medresenin Eski Durumu

Y. Akyurt, 1940 yılında kaleme aldığı makalesinde, "Gayet muhteşem ve müzeyyen ve fakat harap bir methali ve methalden 12,50 m uzaklığında İsmail Ağa'nın bir türbesi, harap olmuş ve izleri belli medrese hücreleri vardır. Bu muhteşem ve müzeyyen ve tarih ve sanatça fevkalade kıymetli olan medreseden ancak müzeyyen ve oymalı olan büyük methalin bir kısmı ile kubbeli türbe kısmı kalmıştır."[241] Yazısının devamında ise medresenin bu duruma gelmesine sebep olan kişinin Beyşehir Kaymakamı Abdünnafi olduğunu belirtmiştir. Nitekim benzer bilgiler Ö. Tekin ve R. Bilginer'e ait küçük çaplı eserde de zikredilmiştir.

Söz konusu kaynakta kaymakamın sadece medreseyi değil, aynı zamanda bazı tarihi yerleri de yıktırdığının altı çizilmekte ve "... Abdünnafi'nin yıktığı türbelerden nakledilen ve bütün dünya sanatkârlarını hayrete düşüren ve Türk'ün varlığı kadar mukaddes bulunan ve Türk sanatının inceliklerini hâlen göğsünde taşıyan o kıymetli taşlardan bir kısmı da parti binasının helası(nın) arkasına atılmış bir hâldedir. Bu hususa Türk Sanat Sevenler Cemiyetinin gözlerini (dikkatini) çekerim. Bahis mevzuu olan medresenin büyük kapı ve kemeri el'an mevcuttur. Türklüğü dünya sonuna kadar andırmayı azmetmiş bulunan bu dehlizli kemer üzerindeki nakış ve sanat, kendisine uzatılan mütecaviz ellere lanet etmektedir."[242] ifadelerine yer verilmektedir.

235   İ. Çiftçioğlu, **A.y.**
236   Y. Erdemir, **Beyşehir Eşrefoğlu Süleyman Bey Camii ve Külliyesi**, Beyşehir, 1999, s.95; M.A. Erdoğru, "Eşrefoğlu Seyfeddin Süleyman Bey Camii'nin Vakıfları", **Tarih İncelemeleri Dergisi**, Ege Üniversitesi Edebiyat Fakültesi Yayınları, Sayı: VI, İzmir, 1991, s.103-107.
237   H. Muşmal, **A.g.m.**, s.235.
238   H. Muşmal, **A.y.**
239   İ.H. Konyalı, **A.g.e.**, s.80, 256; Y. Akyurt, **A.g.m.**, s.122; Ö. Tekin-R. Bilginer, **Beyşehir ve Eşrefoğulları**, Eskişehir, 1945, s.29.
240   Söz konusu ziyaret 05.09.2011 Pazartesi gerçekleşmiştir.
241   Y. Akyurt, **A.g.m.**, s.122.
242   Ö. Tekin-R. Bilginer, **A.g.e.**, s.29.

İ. Hakkı Konyalı, 1959-1967 yılları arasında yazmış olduğu eserinde medrese ile ilgili şu bilgileri vermektedir:

"Her tarafında yer yer çatlaklar, patlaklar hâsıl olmuştur. Kapının açıldığı medrese yıkıldığı için sağdaki ve soldaki duvarlardan eser kalmamıştır. Portal çöplüğe düşmüş ve bir pırlanta halindedir. Durumu yürekler acısıdır. Tarih, eski eser ve dede yadigârı sever herkesi ağlatır. Etrafı abdesthane haline getirilmiştir. İslam ve ilim tarihinin bu değerli bergüzarı kurtarılmalıdır. (...) Medrese şimdi çöplük hâldedir. Türbesi de kışın ahır olarak kullanılıyor."[243]

"Yakın zamana kadar çok harap bir vaziyette iken Vakıflar Genel Müdürlüğü tarafından kısmen restore edilerek yok olmaktan kurtarılmıştır. Portali ve türbesi dışında kalan diğer kısımları orijinalliğini kaybetmiştir."[244] diyen Y. Erdemir, ayrıca, medresenin avluya açılan doğudaki taç kapının karşısındaki ana eyvanının ve kubbeli odalarının harap durumda olduğunu, kuzeydeki odasının duvarlarının ve örtüsünün ise yıkıldığını belirterek yeni bir restorasyonun gerekliliğine işaret etmektedir.

B. Alperen, ise medresenin durumu hakkında bilgi verirken daha önce onarıldığını ancak bunun yarım bırakıldığını söylemekte ve devamında şunları dile getirmektedir:

"Büyük kapısının bulunduğu doğu cephesi hâlâ ayaktadır. Ana kapı oldukça ilgi çekici güzelliktedir. İçerisindeki türbe haricindeki tüm diğer bölümlerin üzeri açık vaziyettedir. (...) Bugün İsmail Ağa medresesi bakıma muhtaç haldedir. Dahası bu nadide eseri ziyaretim sırasında medresenin içerisindeki küçük boşlukta çocukların futbol oynadıklarını gördüm."[245]

243   İ.H. Konyalı, **A.g.e.**, s.255-257.
244   Y. Erdemir, **A.g.e.**, s.94-98.
245   B. Alperen, **Beyşehir ve Tarihi**, Konya, 2001, s.107.

1.6. Medresenin Bugünkü Durumu ve Mimari Özellikleri

Uzun yıllar bakımsız, kaderine terk edilmiş bir vaziyette iken yukarıdaki yazarların da belirttiği gibi medresenin onarımının yapılarak mezbelelikten kurtarılması gerekiyordu. Yıllardır özlemle beklenen onarım nihayet Vakıflar Genel Müdürlüğü tarafından 2008 yılında aslına uygun olarak restore edilmiştir.

Medresenin kenar uzunlukları simetrik değildir. Buna göre, doğu kenarı 18,02; batı kenarı 18,21, kuzey kenarı 18,65, güney kenarı ise 21,68 m'dir. Medrese iki eyvanlıdır ve merkezinde dikdörtgen plânlı açık bir avlu ve ortasında kare şeklinde fıskiyeli küçük bir havuz bulunmaktadır. Taç kapının hemen arkasında giriş eyvanı, tam karşısında ise daha geniş ve daha yüksek bir dershane eyvanı yer almaktadır.

Bu eyvanın kıble duvarına küçük bir mihrap nişi açılmıştır. Yine bu dershane eyvanının sağına ve soluna kare plânlı ve kubbeli birer kışlık dershane yerleştirilmiş, soldaki dershane ise İsmail Ağa'nın vefatından sonra buraya defnedilmesiyle türbeye çevrilmiştir. Geri kalan altı adet dikdörtgen plânlı küçük odalar öğrenci hücreleri olarak tahsis edilmiş ve bu hücrelere ışık girecek kadar çok küçük dikdörtgen pencereler açılmıştır. Giriş eyvanının soluna bitişik bölüme ise tuvalet ve lavabolar yerleştirilmiştir.

Dikdörtgen avlunun giriş eyvanının önü ile kuzey ve güneydeki hücrelerin önlerinde yer alan ve sekiz taş sütun üzerinde yükselen revaklar dikkat çekmektedir.

Duvarlar orijinalinde moloz taşlarla örülü hâldedir[246]. Son restorasyondan önce bu taşların izleri görülebiliyordu. Ancak son onarımda dış cephelerin tamamı ile içteki ana eyvan, revaklar ve bazı bölümler kesme taşla, geri kalan kısımlar ise moloz taşlarla örülünce, eski görünümden eser kalmamıştır. İçteki duvarlar Horasan harcı ile sıvanarak üzerine beyaz kireç vurulmuştur.

Daha önce belirttiğimiz gibi ana eyvanın solundaki kışlık dershane İsmail Ağa'nın buraya defnedilmesiyle türbeye çevrilmiştir. Türbenin başucundaki daha önce var olduğu düşünülen kitabesi yok olmuştur. Ayakucunda ise 0,43 x 0,36 ölçülerinde dört satırdan oluşan ikinci bir kitabe bulunmaktadır. Biz bu kitabeyi Süleyman Bey'in türbesinde bulup fotoğrafladık. Kitabenin metni şöyledir:[247]

١- انتقل الامير المرحوم

٢- المغفور السعيد الشهيد

٣- اسماعيل آغا بن خليل آغا تغمدهما الله

٤- بغير انه كتب فى او ايل شوال سنه ثمانين وسبعمايه

"Rahmetli, mağfiretli Mes'ud şehit Halil Ağa oğlu Emir İsmail Ağa ahirete göçtü. Allah baba-oğul onları rahmetine gark etsin. Bu, 780 yılı Şevval ayının evvellerinde yazıldı."[248]

Zamanla bir ziyaretgâh hâlini alan İsmail Ağa'nın türbesine yöre halkı tarafından "Süt Dede Türbesi" de denmiştir. Bunun nedeni yeni doğum yapmış sütü kesilen kadınların bu türbeye gelip dua ettikleri zaman sütlerinin geleceğine inanmalarıyla alakalıdır[249].

Medresenin taç kapı portali, caminin taç kapısına benzer bir tasarıma sahiptir. Ancak buradaki tek fark kapı açıklığının sivri kemerli olmasıdır. Kemer 10 adet zıvanalı taştan yapılmış, yüzeyi ise zambak motifleri ile süslenmiştir.

246   Y. Erdemir, **A.g.e.**, s.97.
247   Y. Akyurt, **A.g.m.**, s.122-124; İ.H. Konyalı, **A.g.e.**, s.272.
248   İ.H. Konyalı, **A.g.y.**
249   İ.H. Konyalı, **A.g.e.**, s.272,273; İ. Çiftçioğlu, **A.g.m.**, s.8.

Fotoğraf: İ.H. Konyalı

Portal, medresenin doğu cephesinin tam ortasında olmayıp caminin batı kapısının karşısına yakın bir mesafede tasarlanmıştır. Beden duvarlarından 1 m dışarı taşan portal kütlesinin genişliği 5,35 m, yüksekliği 7,85 m'dir. Mukarnas dolgulu sivri ve yüksek kavsarası, yine mukarnaslı küçük kavsaraları ve köşe sütunceleri olan yan mihrabiyeleri ile, kapı kemerinin yanlarında ve tepesindeki 3 adet rozet dikkat çekicidir. Portali, rumi ve palmet motifleriyle süslü birbirinden farklı ölçülerdeki dört bordür kuşatmaktadır.

2. KALE KAPISI

Aslen üç kapısı olan Beyşehir (Eşrefoğlu) Kalesi'nden günümüze sadece kuzey kapısı gelebilmiştir.

2.1.Kuzey Kapısı

Orijinalliğini büyük ölçüde koruyabilmiş olan kapının eni 2,80 m, yüksekliği 7 m'dir. Bu kapı, kalenin ana kapısıdır. Kapının bu ölçüleri Eşrefoğlu kalesinin büyük bir kale olmadığını ikinci derecede bir kale olduğunu gösterir.

Kemeri, beyaz ve kara 11 taştan yapılmıştır. Kapının her iki tarafındaki 2,60 m dışarı taşan kısımlar, kapıyı koruyan burç kalıntılarıdır. Askerlerin nöbet tuttukları bu her iki burçta da mazgal deliklerinin varlığı anlaşılmaktadır. Kapının en üstünde bugün 2 dendan taşı mevcut olup eski kaynaklarda ve resimlerde bunların 3 adet olduğu görülmektedir. Konu ile ilgili olarak İ. Hakkı Konyalı şu bilgileri vermektedir:

"Kapı üstünde 80'er cm ara ile 3 dendan vardır. Askerler bu dendanların arkalarındaki seğirdim denilen yerlerde nöbet tutarlar, icabında buradan zamanına göre ok, tüfek ve top atarlardı."[250]

Selçuklu kalelerinin karakteristik bir özelliği olarak burada da kale önünde derinliği 5, eni 7 m olan su hendekleri bulunmaktadır ki[251] düşmanın kaleye çıkmasını engellemek içindir. Ayrıca kale düşman tarafından sarıldığı zaman kale içinden kale dışına iki adet yer altı gizli yollarının olduğu bu yollardan birinin doğu kapısına diğerinin ise su temini için göle çıktığı bilinmektedir.[252] Kale kapısında seyyar bir merdivenin olduğu, tedbir açısından bu merdivenin geceleri kaldırılarak kara ile irtibatının kesildiği de kaynaklarda yer almaktadır[253].

Kalelerin hemen hemen birçoğunda olduğu gibi Eşrefoğlu Kalesi'nin burçlarında da kapı önüne kadar gelen düşmanın üzerine sıcak su ya da kızgın yağ dökmek için bacaların olduğu pekâlâ tahmin edilebilir.

Günümüze kadar gelebilmiş bu kuzey kapısından başka bugün için izleri silinmiş olsa da Eşrefoğlu Kalesi'nin doğu ve batıda birer kapısı daha vardı. Konu hakkında M.Y. Süslü, 1934 yılında basılmış eserinde şu bilgileri vermektedir:

250   İ.H. Konyalı, **A.g.e.**, s.200.
251   B. Eyüboğlu, **Dünden Bugüne Beyşehir**, Beyşehir, 1979, s.52.
252   İ.H. Konyalı, **A.g.e.**, s.204; B. Eyüboğlu, **A.g.e.**, s.52.
253   İ.H. Konyalı, **A.g.e.**, s.203

Fotoğraf: Seyit KONYALI

"Şimalde (şimdi vardır) Çemçem çeşmesinin karşısında, batıdaki göl kapısı bugün Kopuzoğulları'nın evinin dibindedir, yalnız yeri vardır. Doğudaki kapı İçerişehir Mahallesi'nin kabirleri yanındadır. Bu kapı da izleriyle bellidir. Her kapı istikametinde birer burç varmış, şimdi burçlardan da eser kalmamıştır."[254]

M.Y. Süslü'nün, şimalde, "Çemçem çeşmesinin karşısında" dediği yer bu kuzey kapısıdır. Ancak Çemçem çeşmesi bugün artık kaybolmuştur. Daha sonra kale içine yapılmış olan çeşmelerle bu çeşme karıştırılmamalıdır. Kuzey kapısından girince kapı karşısına denk gelen, kapıya 40 m kadar uzaklıkta bir çeşme daha bulunmaktadır. Bu çeşmenin bir bölümü toprak altında olmasına rağmen üst kısımları görülebilmektedir.

Mahalle sakinlerinden Süslü'nün tarif ettiği Çemçem çeşmesinin ve diğer kapıların yerlerini tespit etmiş bulunuyoruz. Kale dışındaki bu çeşme kuzey kapısının 20 m kadar kuzey doğusundadır.

2.2. Batı Kapısı

M.Y. Süslü, bu kapı için "Kopuzoğulları'nın evinin dibindedir" diyor. Bugün söz konusu yerde evler vardır. Ancak bu evlerin bahçelerinde hâlâ bu kapının izlerine rastlanmaktadır. Dört tarafı surlarla çevrili olan kale için Beyşehir'deki yaşlılar; kale duvarlarının izlerini gördüklerini belirterek göl sularının İçerişehir Mahallesi'nde ön cephedeki evlerin olduğu yerlere kadar dayandığı için göl kenarındaki yolun sonradan doldurulduğunu, dolayısıyla yol seviyesinin yükseltildiğini ifade etmişlerdir. Batı kapısını Kopuzoğulları'nın evi ile kıyaslarsak batı cephenin güney cepheye yakın bir yerde olduğu, bu yol doldurma ve seviye yükseltme sırasında izlerinin silindiği anlaşılmaktadır.

2.3. Doğu Kapısı

M.Y. Süslü, doğu kapısının yerini tarif ederken "İçerişehir Mahallesi'nin kabirleri yanındadır" diyor. Araştırmalarımız neticesinde tarif edilen mezarlığın bugünkü İlçe Tarım Müdürlüğünün arkasındaki Eşrefoğlu İlköğretim Okulunun bulunduğu yer olduğunu tespit ettik. Kapının ise bugünkü camiye giden yol üzerinde olduğu anlaşılmaktadır. İlçe Tarım Müdürlüğü ile okul arasında Emniyetin arka köşesine kadar uzanan kale duvarlarının kalıntıları hâlâ görebilmektedir.

Bugünkü Tarım Müdürlüğü binası ve bahçesinin olduğu yer, eskiden Ermeni Mezarlığı imiş. Yani kale içinde Müslüman Mezarlığı kale dışında ise gayrimüslim mezarlığı varmış.

Bu üç kapıdan bugüne kadar tek ayakta kalan kuzey kapısının, kalenin ana kapısı olduğu, hem konumu hem de üzerindeki kitabelerden anlaşılmaktadır.

Kapı üstünde yan yana üç ayrı kitabe bulunmaktadır. Dört satırdan meydana gelen soldaki birinci kitabe, kapının orijinal kitabesidir ve Arapça metni şöyledir:[255]

١- امر بعمارة هذه القلعة المباركة فى ايام

٢- السلطان الاعظم غياث الدنيا والدين ابو الفتح

٣- مسعود بن كيكاوس خلد الله ملكه الامير المعظم سيف الدين

٤- سليمان بن اشرف اعز الله العمارة فى جمادى الاول فى سنة تسع وثمانين وستمايه

"Bu mübarek kalenin yapılmasını 689 yılı Cumâde'l-ûlâsında yüce Sultan, din ve dünyanın yardımcısı Keyhusrev oğlu Keykavus'un -Allah mülkünü ebedi kılsın- sultanlık günlerinde büyük Emir Eşrefoğlu Seyfeddin Süleyman -Allah yardımcılarını aziz eylesin- emretti."

Kitabedeki H.689 tarihi M.1290 yılına tekabül eder ki, Anadolu Selçuklularının son dönemleridir ve Mes'ut bin Keykavus'un sultanlık zamanıdır.

---

254   M.Y. Süslü, **Eşrefoğulları Tarihi ve Beyşehir Kılavuzu**, 1934, s.40.
255   İ.H. Konyalı, **A.g.e.**, s.200-202.

Türkçe yazılan ortadaki ikinci kitabenin metni ise şöyledir:

١- بر خراب قلعه سى وار ايدى بو بكشهرى نك

٢- جمع اولوب اهل ولايت كلدى بنياد ايلدى

٣- باعث تعميرى فضل الله دفتردار ايلدى آباد

"1. Bir harap kalesi var idi Beyşehri'nin.

2. Câmî' olup ehl-i vilâyet geldi bünyâd eyledi

3. Bâ'is-i tamiri Fazlullah Defterdâr eyledi âbâd. [256]

(Beyşehir'in harap kalesi, Defterdar Fazlullah Efendi'nin teşebbüsü ve şehir halkı tarafından tamir edilmiştir.)

Kitabenin son mısraindaki tarih kısmı ebcet hesabına vurulunca H.952=M.1545 yılı çıkar ki kale Kanuni Sultan Süleyman zamanında onarılmıştır.

Sağdaki üçüncü kitabe ise şöyledir:

والله خير حافظاً

شهر سليمان آباد اولدى   Vallâhü hayrun hâfizan

بنام شهريار سلطان احمد   Şehr-i Süleymân âbâd oldu

Be-nâm-ı şehriyâr-ı Sultan Ahmed

Bu kitabe, ortadaki kitabenin üstünde şöyle devam eder:

درخير (من دخل كان آمناً) لله تحصنت
١٠١٤   ١٠١٣

Kitabenin üç satırlık ilk parçasında:

"Allah koruyanların en hayırlısıdır. Meşhur hükümdar Sultan Ahmet adına Süleyman şehri ma'mur edildi." bilgisi yer almaktadır.

Kitabenin ikinci parçasının ortasındaki satırda "Men dehale kâne âminen" (Kim girerse emniyette olur) yazılıdır. Solda "Lillâhi tehassanet" (Allah için sağlam yapıldı), sağda ise "der-i hayr" (hayır kapısı) ibarelerinin altındaki 1013 ve 1014 tarihleri ise Hicri olup (M.1604-1605) kapının söz konusu tarihlerde -Sultan I. Ahmet zamanı- yeniden tamir edildiğini göstermektedir.

Kitabımızı hazırladığımız günlerde, 1 Kasım 2010 tarihi itibariyle başlanan kazı çalışmalarında, zeminden 2,30 m altta temellere ulaşılmış, kale surlarının yönleri, burçların ve kulelerin yerleri tespit edilmiştir. Ödeneksizlikten dolayı 15 gün kadar süren kazı çalışmalarına en kısa sürede devam edileceği, hatta restorasyonunun da yapılacağı bildirilmiştir.

---

256   İ.H. Konyalı, **A.g.e.**, s.202, 203.

Fotoğraf. Seyit KONYALI

3. DEMİRLİ MESCİT

Eşrefoğlu Kalesi'nin sınırları içerisinde ve bugünkü İçerişehir Mahallesi'nde yer alan mescit, Eşrefoğlu Camii'nin 150 m kadar batısındadır. 10,30 x 12,25 m ölçülerinde kareye yakın dikdörtgen bir plana sahiptir.

Tek direkli mescitlere örnek teşkil eden bu yapı için, eski kaynaklarda altı adet alt iki adet üst pencere ile aydınlatıldığı belirtilmişse de, bugün mescitte sadece dört alt pencerenin mevcut olduğu görülmektedir. Ortadaki tek direk ahşap olup sütun başlığı mukarnaslıdır. Kapısı batıya açılır ve kemeri yedi taşla örülüdür.

Kapı üstünde 38 x 93 cm ölçülerinde iki satırdan oluşan şu kitabe yer alır: [257]

١- امر بعمار هذه المدينة المباركة الامير الكبير ابو الخيرات شرف الدين سوباشى بك

٢- امير احمد بن كرت تقبل الله تعالى منه فى شهور سنة اربع عشرة وسبعمايه

"Bu mübarek medresenin yapılmasına büyük Emir, hayrat babası Kürt oğlu Şerefeddin Subaşı Emir Ahmet Bey 714 senelerinde emretti. Allah Teâlâ kabul etsin."[258]

Fotoğraf: Seyit KONYALI

257   İ.H. Konyalı, **A.g.e.**, s.201, 202.
258   İ.H. Konyalı, **A.g.e.**, s.242; Y. Akyurt, **A.g.m.**, s.120.

Kitabeden hareketle bazı kaynaklar bunun başka bir medreseden getirilerek buraya yerleştirildiği görüşünü savunsalar da, burası hem içinde namaz kılınan bir mescit, hem de ders yapılan bir medrese idi[259]. İ. Hakkı Konyalı, konu ile ilgili şu belgeyi ortaya koymaktadır:

"Fatih adına Beyşehir vakıflarını tespit eden defterde bu mescit şöyle tespit edilmiştir: 'Vakf-ı Mescid-i Sübaşı der nefs-i Beyşehir mukarrer bi hükm-i Hümayun sâbıkan. Cihet-i tevliyet hums. Mütevelli evladdan ola diyu vakıf şart etmiş.'

Defterde vakfın gelirleri sayıldıktan sonra altına şunlar yazılmıştır: 'Tafsil-i kütüb-i vakf-i mescid ve medrese-i mezkûre mütevelli kitab Yusuf İbn-i Abdullah bu (medrese-mescid)'in hükmüyle mukarrer kılınmıştır.'" [260]

Konyalı, bu belgeye dayanarak ikinci kısımda geçen "medrese-mescid" kelimelerinin bir arada yazılmasından dolayı burasının hem mescit hem de medrese olarak kullanıldığını vurgulamakta, dolayısıyla kitabenin başka yerden getirildiği görüşünün hatalı olduğunu ifade etmektedir.

X1X. Yüzyılda faaliyetini sürdüren mescidin 1933'te ibadete kapatıldığı, bir süre sonra da metruk bir hâle geldiği bilinmektedir[261]. Uzun yıllar harap bir halde olan mescit 1982 yılında onarılarak tekrar ibadete açılmıştır.

Dış duvarları adi taşlarla örülü olan mescidin içi eskiden çinilerle kaplı olduğu söylenebilir. Demirli Mescit'e ait çinili bir kitabe parçasının bugün, İstanbul Türk ve Sanat Eserleri Müzesi'nde sergileniyor olması da bunun açık bir göstergesidir[262].

Demirli Mescit'e ait vakıflar, yine Fatih dönemindeki vakıf defterlerinde kayıtlıdır. Buna göre mescidin 1476 yılındaki vakıfları şöyledir:

Bağ 1 kıta, Yağan Köyü'nde yer, Alpgazi Köyü'nde yer, Saçıgökçek yanında yer, Afşar Köyü'nde yer, medreseye vakfedilmiş bazı kitaplar.

1483 yılındaki kayıtlarda ise şunlar sıralanmıştır: Değrendos'ta 1 kıta bahçe, Alpgazi'de 6 dönüm, Afşar ve Yassıviran'da 60 dönüm, Saçıgökçek'te 1 kıta, Kâfir Mağarası'nda 1 kıta arazi, Kaymaz Köyü asiyabının yarısı, asiyabın zemini, bir parçası Kadı Konağı adıyla tanınan 2 parçası ona bitişik araziden 30 müd galledir[263]. XIX. yüzyıla ait belgelerde ise bunlara ilave olarak Göçü Köyü'nde bir değirmeninin olduğundan da bahsedilir[264].

Fotoğraf: Seyit KONYALI

259   İ.H. Konyalı, **A.y.**; Y. Akyurt, **A.y.**
260   İ.H. Konyalı, **A.g.e.**, s.243.
261   H. Muşmal, **A.g.m.**, s.246, 247.
262   B. Eyüboğlu, **A.g.e.**, s.53; E. Yücel, "Beyşehir, Bir Selçuklu ve Osmanlı Merkezi", **Türkiye Turing ve Otomobil Kurumu Belleteni**, Sayı: 31/310 (Temmuz-Eylül-1971), s.4.
263   H. Muşmal, **A.g.m.**, s.247.
264   BOA, ML. VRD.TMT, Nr.9825, 1260-61/1844-1845; H. Muşmal, **A.g.m.**, s.247.

KAYNAKÇA

- AHMED EFLÂKÎ, Menâkibü'l-Ârifin (Çev.: Tahsin Yazıcı), C. II, Ankara, 1995.
- AKOK, M., "Konya Beyşehri'ndeki Eşrefoğlu Camii ve Türbesi", Türk Etnografya Dergisi, Sayı: XV, Ankara, 1976.
- AKYURT, Y., "Beyşehri Kitabeleri ve Eşrefoğlu Camii ve Türbesi", Türk Tarih, Arkeologya ve Etnografya Dergisi, Sayı:4, 1940.
- ALPEREN, B., Beyşehir ve Tarihi, Konya, 2001.
- Ana Britannica Ansiklopedisi
- Anadolu Uygarlıkları, Görsel Anadolu Tarih Ansiklopedisi
- ASLANAPA, O., Türk Sanatı II, Başbakanlık Kültür Yayınları, 1973.
- BEHRAMOĞLU, B., "Orta Torosların Ardında ve Göller Bölgesinde Bir Vaha: Beyşehir", TÜRSAB Dergisi, 2007 Nisan, Sayı: 277.
- BOYDAK, M. - M. Çalıkoğlu, Toros Sedirinin (Cedrus Libani A. Rich.) Biyolojisi ve Selvi Kültürü, Ankara, 2008.
- BOZKURT, N., "Minber", T.D.V. İslam Ansiklopedisi, C.30, İstanbul, 2005.
- Büyük Larousse Ansiklopedisi
- CANAN, İ., Kütüb-i Sitte, Akçağ Yayınları, Ankara, 1988.
- ÇİFTÇİOĞLU, İ., "Beyşehir'de Moğol Emiri İsmail Ağa'nın Eserleri ve Vakıfları", Süleyman Demirel Üniversitesi Sosyal Bilimler Dergisi, Sayı: 6-7, 2002.
- DARKOT, B., "Beyşehir", İslam Ansiklopedisi, Cilt: 2, İstanbul, 1979.
- DEMİRCİOĞLU, H. - H. İnalcık, Ankara Üniversitesi Dil-Tarih-Coğrafya Fakültesi, Sayı: VI/3, Mayıs-Haziran, 1948.
- ERDEMİR, Y., Beyşehir Eşrefoğlu Süleyman Bey Camii ve Külliyesi, Beyşehir, 1999.
- ERDOĞRU, M. Akif, "Eşrefoğlu Seyfeddin Süleyman Bey Camii'nin Vakıfları", Tarih İncelemeleri Dergisi, Ege Üniversitesi Edebiyat Fakültesi Yayınları, Sayı: VI, İzmir, 1991.
- ERDOĞRU, M. Akif, Osmanlı Yönetiminde Beyşehir Sancağı, İzmir, 1998.
- EREL, Ş., Nadir Birkaç Sikke, İstanbul, 1963.
- ERZİNCAN, T., "Mihrap", T.D.V. İslam Ansiklopedisi, C.30, İstanbul, 2005.
- EYÜBOĞLU, B., Dünden Bugüne Beyşehir, Beyşehir, 1979.
- GÖNEN, S., "Efsanelere Göre İnsan Adlarından Kaynaklanan Yerleşim Yeri Adları ve Beyşehir Adı" Selçuk Üniversitesi Beyşehir Meslek Yüksek Okulu I. Uluslararası Beyşehir ve Yöresi Sempozyumu Bildiriler Kitabı, 11-13 Mayıs 2006.
- KÂTİP ÇELEBİ, Cihan-nümâ, (Neşr.: İbrahim Müteferrika), 1058 (1648).
- KIZILTAN, A., Anadolu Beyliklerinde Camii ve Mescitler, İstanbul, 1958.
- Konya İl Yıllığı, 1967
- Konya İl Yıllığı, 1973
- KONYALI, İ. Hakkı, Abideleri ve Kitabeleriyle Beyşehir Tarihi, Erzurum, 1991.
- KÜÇÜKAŞÇI, M.S., "Müezzin", Türkiye Diyanet Vakfı İslam Ansiklopedisi, C.31, Ankara, 2005.
- MUŞMAL, H., "XVIII. ve XIX. Yüzyıl Beyşehir Kentinde Bulunan Müesseseler ve Vakıfları", Selçuk Üniversitesi Türkiyat Araştırmaları Dergisi, Sayı: 19, 2006.
- ORAL, M.Z., "Anadolu'da Sanat Değeri Olan, Ahşap Minberler, Kitabeleri ve Tarihçeleri", Vakıflar Dergisi, No: 5, 1962.
- "Eşrefoğlu Camiine Ait Bir Kandil", Türk Tarih Kurumu Belleten Dergisi, C.XXIII, Sayı: 89, Ankara, Ocak 1959.
- ÖNEY, G., "Anadolu Selçuklu Mimarisinde Antik Devir Malzemesi", Anadolu (Anatolia), Sayı: XII, Ankara, 1970.
- ÖNGE, Y., "Konya Beyşehir Eşrefoğlu Süleyman Bey Hamamı", Vakıflar Dergisi, Sayı: VII, Ankara, 1968.
- Anadolu'da XIII. XIV. Yüzyılın Nakışlı Ahşap Camilerinden Bir Örnek: "Beyşehir Köşk Köyü Mescidi", Vakıflar Dergisi, Sayı: IX, Ankara, 1971

- ÖZMEL, İ., " Kayyım", T.D.V. İslam Ansiklopedisi, C.25, Ankara, 2002.

- ÖZYÜRK, N., "Mütevelli", Türkiye Diyanet Vakfı İslam Ansiklopedisi, C.32, İstanbul, 2006.

- PAKALIN, Z., Osmanlı Tarih Deyimleri ve Terimleri Sözlüğü, II, MEB Yay., 3. Baskı, İstanbul, 1983.

- RIEFSTAHL, R. M., "Primitive Rugs of The 'Konya' Type in The Mosque of Beyşehir", The Art Bulletin, Vol. 13, June, 1931, Chicago.

- SARRE, F., Küçükasya Seyahati, 1895 yazı, (Çev. Dârâ Çolakoğlu), Pera Yayınları.

- SEVİM, A. - Y. Yücel, "Fetih, Selçuklu ve Beylikler Dönemi", Türkiye Tarihi, Türk Tarih Kurumu Basım Evi, Ankara 1989.

- SÜSLÜ, M. Yavuz, Eşrefoğulları Tarihi, Beyşehir Kılavuzu, Konya, 1934.

- ŞENTÜRK, L. - S. Yazıcı, Diyanet İslam İlmihali, C.1, D.İ.B. Yayınları, Ankara, 2006.

- ŞİKÂRÎ, Karamanoğulları Tarihi, (Neşr.: M. Mesut Koman), Konya, 1946.

- TEKİN, Ö. - R. Bilginer, Beyşehir ve Eşrefoğulları, Eskişehir, 1945.

- TEXIER, Charles, Asya Mineure, Description, Geographigue, Historigue et Archeologie Provinces et des villes de la Chersonnese'd Asie, Paris, 1862, Küçük Asya, (Çev.: Ali Suat), C.3, İstanbul, 1340.

- UNUTULMAZ, İ., "Beyşehir'de Ahşap Direkli Eşrefoğlu Süleyman Bey Camisi", Tarih ve Toplum Dergisi, S:47, İstanbul, 1987.

- UZUNÇARŞILI, İ.H., Anadolu Beylikleri Akkoyunlu ve Karakoyunlular, Ankara, 1969.

- Büyük Osmanlı Tarihi, C.I., 6. Baskı, Atatürk Kültür Dil ve Tarih Yüksek Kurumu, Ankara, 1995.

- YAZICI, T. - M. İpşirli, "Ferraş", T.D.V. İslam Ansiklopedisi, C.12, İstanbul, 1995.

- YETKİN, Ş., Anadolu'da Türk Çini Sanatının Gelişimi, İstanbul, 1986.

- YÜCEL, E., "Beyşehir, Bir Selçuklu ve Osmanlı Merkezi", Türkiye Turing ve Otomobil Kurumu Belleteni, Sayı: 31/310, Temmuz-Eylül, 1971.

- ZÜHAYLİ, Vehbe, El-Fıkhü'l-İslami, C.2.

FOTOĞRAFLAR

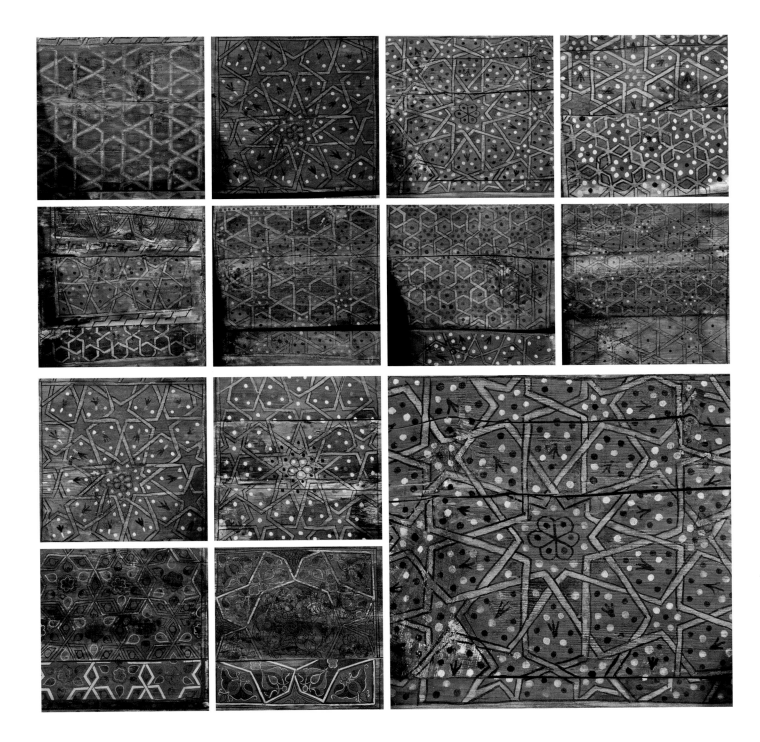

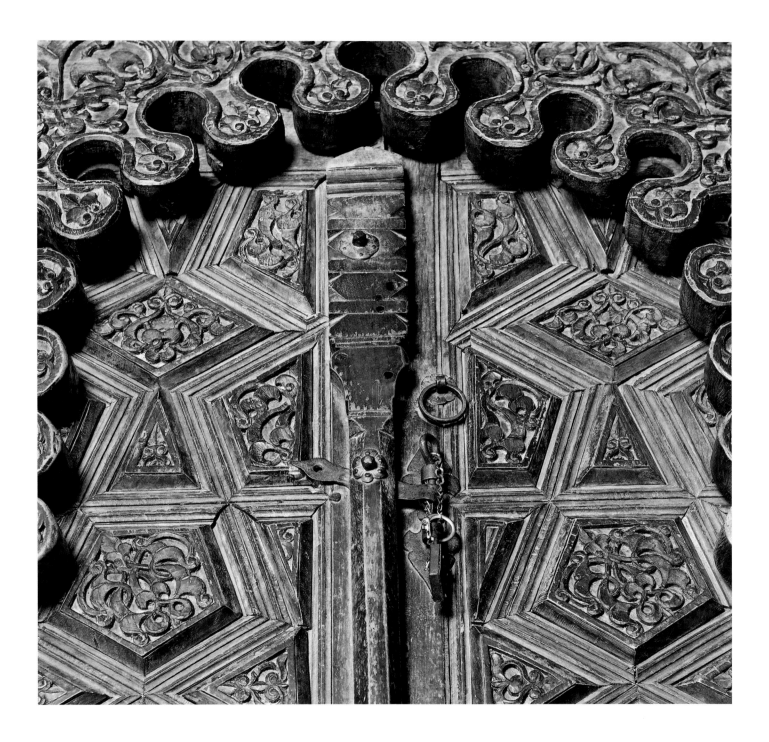

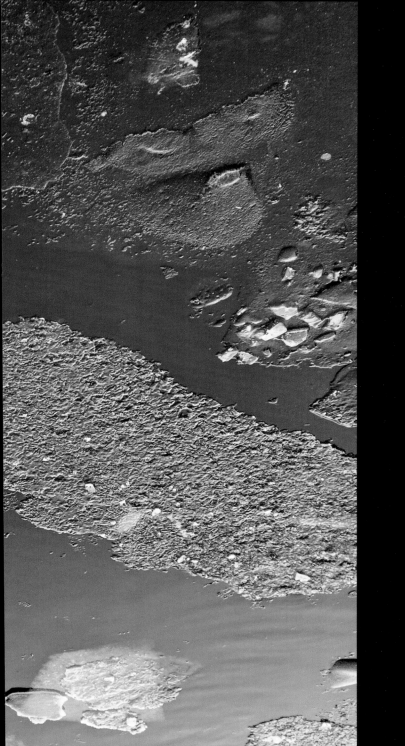

BEYŞEHİR FOTOĞRAFLARI / SEYİT KONYALI